Häusliche Gewalt gegen Frauen

Ergebnisse einer Befragung
niedergelassener Ärztinnen und Ärzte

von

Heike Mark

Tectum Verlag
Marburg 2001

Diese Arbeit wurde mit dem Hertha-Nathorff-Preis
der Berliner Ärztekammer ausgezeichnet.

Die Deutsche Bibliothek - CIP-Einheitsaufnahme

Mark, Heike:
Häusliche Gewalt gegen Frauen.
Ergebnisse einer Befragung niedergelassener Ärztinnen und Ärzte.
/ von Heike Mark
- Marburg : Tectum Verlag, 2001
ISBN 3-8288-8262-5

Tectum Verlag
Marburg 2001

Inhaltsverzeichnis

Verzeichnis der Tabellen

Verzeichnis der Abbildungen

1. Einleitung

Häusliche Gewalt stellt für viele Frauen ein ernsthaftes Gesundheitsproblem dar. Das tatsächliche Ausmaß der Gewalt lässt sich lediglich vermuten, denn die Frauen sprechen häufig nicht darüber, sei es aus Scham- oder Schuldgefühlen, aus Angst oder aus traditionellen Vorstellungen von Ehe und Familie. Selten kommen Fälle häuslicher Gewalt zur Anzeige, die Dunkelziffer ist entsprechend hoch und zuverlässige epidemiologische Daten fehlen.

Nach einer Schätzung der Weltbank büßen Frauen im Reproduktionsalter 5-16% ihrer gesunden Lebensjahre aufgrund geschlechtsbezogener Gewalttaten ein (Schmuel 1998). Zu den gesundheitlichen und psychosozialen Folgen für die betroffenen Frauen und zu deren eingeschränkter Lebensqualität kommen noch ökonomische Auswirkungen für die Gesellschaft hinzu.

Von den Vereinten Nationen und der Europäischen Union wurden Aktionspläne zur Bekämpfung häuslicher Gewalt gegen Frauen erstellt, in denen die Notwendigkeit einer Zusammenarbeit staatlicher und nicht-staatlicher Institutionen sowie eine Beteiligung aller relevanten Berufsgruppen betont wird (BMFSFJ 1997a, 1997b) und auch für die Bundesrepublik Deutschland wurde ein nationaler Aktionsplan angekündigt (Pressemitteilung des BMFSFJ Nr. 8 vom 25.11.1998).

Da für viele betroffene Frauen eine Ärztin oder ein Arzt eine der ersten Kontaktpersonen außerhalb der Familie ist, könnte die Ärzteschaft als professionelle Gruppe im Gesundheitswesen eine wichtige Rolle bei der Identifikation häuslicher Gewalt und der Unterstützung der Opfer spielen. Mit dem System ambulanter ärztlicher Praxen steht bereits ein dichtes Netz an potentiellen Hilfsangeboten für misshandelte Frauen zur Verfügung.

Die Idee einer Ärztebefragung entstand im Zusammenhang mit der Gesundheitsberichterstattung der Plan- und Leitstelle Gesundheit (PLSG) des Bezirksamtes Hohenschönhausen 1998 zum Thema "Wie geht's Frau in Hohenschönhausen", bei der sich eine Arbeitsgruppe mit Gewalt gegen Frauen im häuslichen Bereich beschäftigte. Das Thema "Häusliche Gewalt: Umgang in ärztlichen Praxen mit Patientinnen, die Opfer häuslicher Gewalt wurden" wurde im Sommersemester 1998 im Projektseminar von Herrn Spatz, dem Leiter der PLSG vorgestellt.

Es sollte eine Befragung von Ärztinnen und Ärzten in Hohenschönhausen durchgeführt werden, um herauszufinden, inwieweit häusliche Gewalt in der ärztlichen Praxis erkannt und angesprochen wird, welche Haltung Ärztinnen und Ärzte den Frauen gegenüber einnehmen, welche Maßnahmen sie ergreifen, wenn sie vermuten oder wissen, dass Patientinnen im sozialen Nahbereich misshandelt werden und welche Verbesserungsmöglichkeiten sie sehen. Im Laufe des Projektes wurde auch die Plan- und Leitstelle der Abteilung Gesundheit und Soziales in Lichtenberg zur Zusammenarbeit gewonnen.

Im Rahmen der Projektarbeit wurde der Fragebogen entwickelt und getestet. Für die Magisterarbeit wurde das Erhebungsinstrument überarbeitet und die schriftliche Befragung niedergelassener Ärztinnen und Ärzte in Hohenschönhausen und Lichtenberg durchgeführt.

Die vorliegende Arbeit gibt zunächst eine Einführung in den Problemhintergrund. Nach der Begriffsbestimmung von häuslicher Gewalt und der Beschreibung ihrer häufigsten Formen wird das Ausmaß der Gewalt soweit dies möglich ist anhand in- und ausländischer Studien abgeschätzt. Es folgt eine Übersicht über die gesundheitlichen Folgen für die betroffenen Frauen und über ökonomische Folgen für die Gesellschaft.

Danach werden der Stand der Forschung zum Umgang mit häuslicher Gewalt im Medizinsystem und die Ergebnisse eigener Anfragen bei den Ärztekammern und Berufsverbänden in der Bundesrepublik vorgestellt.

Da der Pretest im Rahmen der Projektarbeit einen sehr geringen Rücklauf hatte, wurde das methodische Vorgehen innerhalb des Studienganges und der PLSG in Hohenschönhausen noch einmal grundsätzlich diskutiert. Diese Diskussion und die daraus folgenden Veränderungen des Procedere werden in einem gesonderten Abschnitt aufgeführt.

Es folgt die Erläuterung der Methodik und des Erhebungsinstrumentes. Danach werden die einzelnen Ergebnisse ausführlich dargestellt und anschließend im Zusammenhang mit der Literatur und dem Stand der Forschung diskutiert.

Zum Abschluss werden die Ergebnisse und die sich daraus ergebenden Schlussfolgerungen zusammengefasst und es werden konkrete Handlungsansätze aufgezeigt.

2. Problemhintergrund

2.1 Begriffsbestimmung "Häusliche Gewalt"

Die Art der Definition von Gewalt hat entscheidenden Einfluss auf Forschungsergebnisse und Statistiken, auf die persönliche Wahrnehmung einer Gewalterfahrung durch das Opfer bzw. einer Gewalthandlung durch den Täter sowie auf gerichtliche und gesellschaftliche Reaktionen (BMFSFJ 1997b).

Die Sonderberichterstatterin der Vereinten Nationen gibt in ihrem Bericht folgende Definition: "Häusliche Gewalt ist eine Form von Gewalt, die in der Privatsphäre im allgemeinen zwischen Personen geschieht, die durch intime, verwandtschaftliche oder gesetzliche Beziehungen miteinander verbunden sind. Trotz der augenscheinlichen Neutralität des Begriffes handelt es sich bei häuslicher Gewalt fast immer um eine geschlechtsbezogene Gewalttat, begangen von Männern an Frauen" (BMFSFJ 1997a, S. 7).

Die Weltmenschenrechtskonferenz der Vereinten Nationen, die im Juni 1993 tagte, definiert "geschlechtsspezifische Gewalt" als "Gewalt, die die Grundrechte, die persönliche Freiheit und die körperliche Unversehrtheit von Frauen gefährdet" und erklärt ihre Anwendung als Menschenrechtsverletzung (BMFSFJ 1997a). In der Erklärung wird weiterhin ausgeführt: "der Begriff 'Gewalt gegen Frauen' meint jegliche geschlechtsspezifische Gewalttaten, die bei Frauen physische, sexuelle oder psychische Schäden oder Leid tatsächlich oder wahrscheinlich verursachen, einschließlich Androhungen solcher Gewalttaten, Nötigung oder willkürlicher Freiheitsberaubungen, unabhängig davon, ob sie im öffentlichen oder Privatleben verübt werden" (ebenda).

2.2 Formen häuslicher Gewalt

Gewalt bezeichnet demnach nicht nur körperliche Misshandlungen, sondern jede Form von Zwangsanwendung gegenüber einer anderen Person, um dieser Schaden zuzufügen oder Macht und Kontrolle über sie auszuüben. Die im sozialen Nahraum Frauen gegenüber ausgeübte Gewalt nimmt alle denkbaren Formen an (Brandau 1997).

Physische Gewalt wird am ehesten als Gewalt wahrgenommen und meint alle körperlichen Angriffe auf die Person wie Schlagen, Stoßen, Treten, Würgen, Fesseln, mit Gegenständen oder Waffen verletzen oder bedrohen, Schlafentzug oder Essensentzug.

Sexuelle Gewalt bezeichnet alle Handlungen, die das sexuelle Selbstbestimmungsrecht verletzen wie sexuelle Nötigung, Missbrauch oder Vergewaltigung.

Unter **psychischer bzw. emotionaler Gewalt** versteht man zum Beispiel Einschüchterungen, Drohungen, Beleidigungen, Demütigungen, ihre Handlungen und Kontakte kontrollieren oder Schuldverschiebung.

Ökonomische Gewalt bezeichnet diejenigen Zwänge, die zur ökonomischen Abhängigkeit der Frau führen wie Arbeitsverbot, Verweigern oder Zuteilen von Geld, Einkassieren des Lohnes oder Zwang zu arbeiten.

Mit **sozialer Gewalt** sind Handlungen gemeint, die die sozialen Beziehungen beeinträchtigen wie Isolation, Einsperren, sie im sozialen Umfeld herabwürdigen, die Kinder als Druckmittel benutzen oder sie am Arbeitsplatz terrorisieren, was häufig auch zu Arbeitsplatzverlust führt (ebenda).

Die verschiedenen Formen von Gewalt gehen häufig miteinander einher, die Übergänge zwischen den einzelnen Formen sind teilweise fließend und die Abgrenzungen eher theoretisch. So werden Frauen, die körperlich misshandelt werden, sehr häufig auch sexuell missbraucht und diese Misshandlungen sind gleichzeitig mit Erniedrigung, Verängstigung und Demütigung verbunden.

Obwohl in verschiedenen Studien gewisse Risikofaktoren für das Auftreten von Gewalt in der Familie benannt lassen wie zum Beispiel Armut, Alkoholmissbrauch (Schmuel 1998), Arbeitslosigkeit des Partners, Scheidung (Ratner 1993) oder Schwangerschaft, so kommt sie doch in allen gesellschaftlichen Schichten vor, unabhängig von Einkommen, Bildungsstand, Kultur und gesellschaftlichem Status der Täter und Opfer (Brandau 1997). Eine Untersuchung von Benard und Schlaffer über Gewalt in Mittelschichtfamilien zeigte einige Unterschiede was die "Häufigkeit und 'Regelmäßigkeit' der rein körperlichen Gewalt anbelangt. Dafür verfügen Männer der Mittelschicht über ein breiteres und differenzierteres Spektrum anderer – psychischer und sozialer – Druckmittel" (Benard 1997, S. 13). Gleichzeitig fanden sie, dass "die mentale Konstellation, die Frauen zum Ertragen dieser Gewalt bewegt, schichtunabhängig von denselben Mechanismen getragen ist" (ebenda).

Die personale Gewalt ist dabei eingebettet in strukturelle Diskriminierungen, die auch in der Bundesrepublik noch immer vorhanden sind. Die Weltbank-Studie "Gewalt gegen Frauen" hat bei einem Vergleich von 90 Industrie- und Entwicklungsländern unter anderem ökonomische Ungleichheit von Männern und Frauen, körperliche Gewalt als akzeptiertes Konfliktlösungs- muster und männliche Autorität und Kontrolle im häuslichen Bereich als Faktoren identifiziert, die das Vorhandensein von Gewalt gegen Frauen an- zeigen (Heise 1994, zitiert nach Bezirksamt Hohenschönhausen 1998a).

2.3 Das Ausmaß der Gewalt

Das wahre Ausmaß der Gewalt gegen Frauen im häuslichen Bereich ist kaum abzuschätzen, unter anderem weil "häusliche Gewalt" in der polizeili- chen Kriminalstatistik (PKS) nicht als eigenständige Kategorie existiert (Brandau 1997) und der überwiegende Anteil der von Familienmitgliedern begangenen Straftaten nicht zur Anzeige kommt. "Trotz der bestehenden Einschränkungen hinsichtlich der Verfügbarkeit von Daten zögert die Ex- pertengruppe [des Europarates; Anmerkung der Verfasserin] nicht bei ihrer Feststellung, daß Gewalt gegen Frauen ein schwerwiegendes Problem in Europa darstellt und daß dieses Problem eines der größten Hindernisse bei der Erlangung der Gleichberechtigung von Frauen und Männern bildet" (BMFSFJ 1997b, S. 21-22).

Ein weiteres Problem bei der Quantifizierung von Gewalt ist die Schwierig- keit, eindeutig zu definieren, welche Verhaltensweisen und Übergriffe als Gewalt erlebt werden. Die Auffassungen darüber können gerade zwischen Täter und Opfer (Godenzi 1991) sehr unterschiedlich sein.

Trotz aller Vorbehalte im Folgenden einige Zahlen:

Nach Schätzungen des Bayrischen Sozialministeriums werden in der Bun- desrepublik jährlich ca. vier Millionen Frauen aus allen sozialen Schichten regelmäßig von ihrem Partner oder Ehemann misshandelt (Statistisches Bundesamt 1998). Umfragen zufolge hat bereits jede dritte Frau durch ihren Partner Gewalt erfahren (BMFSFJ 1998).

Befragungsstudien in Österreich ergaben, dass jede fünfte Frau irgend- wann im Verlauf ihres Lebens in einer Beziehung körperliche Gewalt erlebt hat, und nur 40% geben an, bisher keinerlei Formen von Gewalt erfahren zu haben (Bundesministerium für Frauenangelegenheiten 1995).

In verschiedenen amerikanischen Studien gaben, je nach untersuchter Gruppe und Art der Fragestellung (nur physische Gewalt oder auch andere Formen von Gewalt), zwischen 6% und 11,7% der Frauen an, zur Zeit oder im Verlauf des letzten Jahres Gewalt durch Partner oder Ehemann erlebt zu haben, im Laufe ihres Lebens waren zwischen 26% und 54,2% von häuslicher Gewalt betroffen (Abbott 1995, Buehler 1998, Johnson 1997 u.a.). Die Expertengruppe des Europarates fand in zehn Studien aus verschiedenen europäischen Ländern ebenfalls, dass 6-10% der Frauen jährlich Opfer häuslicher Gewalt wurden und eine auffällige Übereinstimmung darin, dass "mindestens eine von vier Frauen in Europa unter von ihrem jetzigen oder ehemaligen Partner verübten Gewalt leidet" (BMFSFJ 1997b, S. 21).

In der von der Zeitschrift "Brigitte" in Auftrag gegebenen repräsentativen Studie "Der Mann" über die Lebenssituation 20- bis 50- jähriger Männer antworteten 18% aller Befragten, unabhängig von Alter und Bildungsstand, dass es in ihrer Umgebung Männer gibt, die ihre Frauen schlagen (Metzel-Göckel 1984).

In den Befragungen zur Gleichberechtigung von Frauen und Männern, die alle zwei Jahre im Auftrag des Bundesministeriums für Familie, Senioren, Frauen und Jugend durchgeführt werden, antworteten 1995 jeweils 13% der Frauen und Männer in Ostdeutschland und jeweils 21% in Westdeutschland, sie würden eine Frau kennen, von der sie vermuten, dass sie von ihrem Mann geschlagen wird (BMFSFJ 1996). 1991 waren es in Ostdeutschland 20% Frauen und 17% Männer (19% insgesamt) und in Westdeutschland 27% Frauen und 22% Männer (25% insgesamt), die eine Frau kannten, die von ihrem Mann geschlagen wird (BMFSFJ 1992).

Nach der KFN-Opferbefragung 1992, einer repräsentativen bevölkerungsbezogenen Befragung aller Altersgruppen ab 16 Jahren in den alten und neuen Bundesländern wurden im Zeitraum von 1987-91 16,1% der Frauen Opfer von körperlicher Gewalt (einfache und schwere Körperverletzung) in Familie und Haushalt. 5,7% waren im Laufe ihres Lebens mindestens einmal Opfer einer schweren sexuellen Gewalttat (Vergewaltigung oder sexuelle Nötigung im strafrechtlichen Sinn) im innerfamiliären Bereich, die Mehrheit davon wurde gleichzeitig Opfer physischer Gewalt. Die sexuellen Gewalttaten innerhalb der Familie kamen zu 93,3% nicht zur Kenntnis von Polizei und Staatsanwaltschaft. Wenn die Frauen über das Erlebnis sprachen, so am ehesten mit der besten Freundin (60%), von fremden Ansprechpartnern wurde am ehesten eine Ärztin oder ein Arzt aufgesucht (30%) (Wetzels 1995).

In Deutschland existieren über 320 Frauenhäuser, die jährlich von mehr als 45.000 Frauen und etwa ebenso vielen Kindern aufgesucht werden. In den sechs Berliner Frauenhäusern suchen jährlich etwa 2.300 Frauen mit 2.400 Kindern Schutz vor misshandelnden Männern (Wrage 1995, zitiert nach Brandau 1997).

Das in Berlin im Jahre 1996 eingerichtete Sonderdezernat für Delikte häuslicher Gewalt hat im Laufe eines Jahres 3.600 Verfahren wegen Körperverletzung und schwerer Körperverletzung gegen männliche Täter eingeleitet. Dazu kommen etwa 500 Vergewaltigungen, die pro Jahr in der Kriminalstatistik verzeichnet werden. Das Dunkelfeld liegt nach wissenschaftlichen Einschätzungen 10 bis 20 mal höher (Fraktion Bündnis 90/Die Grünen 1998).

In der Polizeidirektion 7, die in Berlin für die Bezirke Hohenschönhausen, Marzahn, Hellersdorf, Weißensee und Prenzlauer Berg zuständig ist, wurden drei Monate lang alle Anzeigenvordrucke zum Komplex "Häusliche Gewalt" ausgewertet: täglich erfolgten im Einsatzbereich fünf bis sechs Einsätze, rund 50% endeten mit einer Strafanzeige "Körperverletzung" oder "gefährliche Körperverletzung", die Opfer waren zu 75,7% weiblich und zu 24,3% männlich (einschließlich Kinder). Für Hohenschönhausen wurden pro 10.000 Einwohner 6,4 Taten häuslicher Gewalt bekannt (Bezirksamt Hohenschönhausen 1998b), das entspricht etwa 74 Fällen in diesen drei Monaten.[1]

Obwohl es in Deutschland kaum bevölkerungsbezogene Daten gibt und die Dunkelziffern für Gewalttaten im familiären Bereich hoch sind, lässt sich aufgrund der vorliegenden Untersuchungen doch schließen, dass das Problem hierzulande ähnlich verbreitet ist wie in anderen Ländern. In der DDR war Gewalt in der Familie stark tabuisiert und wurde weder in der Forschung noch in der Öffentlichkeit thematisiert (Helwig 1993, Diedrich 1996). Nach Hinze (1997) gilt diese zunächst pauschale Feststellung für Gewalthandlungen gegenüber Frauen nahezu uneingeschränkt. Zwar war möglicherweise die Verweildauer in Misshandlungsbeziehungen durch die größe-

---

[1] Die Berechnung beruht auf einer Gesamtzahl von 115.459 Einwohnern in Hohenschönhausen im Jahre 1997 (Statistisches Jahrbuch 1998).

re ökonomische Unabhängigkeit etwas kürzer, Scham und Schuldgefühle durch die traditionelle Rolle der Frau in der Familie sowie die emotionale Verstrickung der Frauen wirkten aber ebenso wie in Westdeutschland. Und "die staatlich verordnete Gleichberechtigung machte durch die Scham der Betroffenheit die erlebte Gewalt erst recht nicht zur mitteilbaren Erfahrung (Senatsverwaltung für Arbeit und Frauen 1994, S. 15).

2.4 Folgen der Gewalt für die Gesundheit

2.4.1 Körperliche Symptome und psychosomatische Störungen

Die berichteten körperlichen Symptome sind vielfältig, sie können direkte Folgen der körperlichen Misshandlung, aber auch psychosomatische Reaktionen sein. Direkte Verletzungsfolgen sind häufig schlecht verheilte Frakturen, insbesondere des Nasenbeines, Arm- oder Rippenbrüche, Einschränkungen der Gelenkbeweglichkeit, Narben am ganzen Körper, fehlende Zähne oder verminderte Seh- und Hörfähigkeit. (Buehler 1998, Hageman-White 1981). Ebenfalls häufig genannt werden Kopfschmerzen, Gliederschmerzen, Rückenschmerzen, Schmerzen im Brustkorb oder chronische, uncharakteristische Schmerzsyndrome (Massey 1999). Insbesondere chronische Schmerzen im Unterleib und das Reizdarmsyndrom sind häufig mit Misshandlungen in der Vorgeschichte assoziiert (Schmuel 1998). Eheliche Vergewaltigungsopfer erlitten mehr körperliche Schäden als nicht-eheliche, da sie oft über Jahre missbraucht wurden (Godenzi 1991).

Psychosomatische Reaktionen können sich außerdem in Kreislaufbeschwerden, Hyperventilation oder Asthma äußern (Massey 1999, Hageman-White 1981).

Insbesondere im Zusammenhang mit sexueller Gewalt kommt es häufig zu vaginalen Verletzungen und Blutungen, Blasenentzündungen, Störungen der Regelblutung (Dysmenorrhoe, Amenorrhoe) oder zu Früh- und Fehlgeburten. (Schmuel 1998 u.a.).

Merfert (1998) fand in einer bevölkerungsbezogenen Befragung von Frauen zwischen 46 und 60 Jahren im Raum Magdeburg, dass Herzbeschwerden, Schlafstörungen, depressive Verstimmungen, Harnwegsbeschwerden, Gelenkbeschwerden und Haarausfall in den Wechseljahren häufiger bei Frauen auftraten, die in ihrem Leben körperliche Gewalt erfahren hatten gegenüber den nicht misshandelten Frauen

2.4.2 Psychische Symptome

Psychische Folgen sind Angst, Schlafstörungen, Alpträume, Depressionen, Schuldgefühle, Konzentrationsstörungen (Greimel 1999), Störungen der Sexualität, Verlust des Selbstwertgefühles und der Selbstachtung (Hageman-White 1981 u.a.) sowie Suizide, die bei misshandelten Frauen fünfmal häufiger vorkommen als bei nicht misshandelten Frauen (Schmuel 1998).

Frauen fühlen nach sexuellen Misshandlungen häufig ein Ekelgefühl ihrem Körper gegenüber, sie empfinden ihn als lästig, fremd und beschmutzt (Hageman-White 1981). Entgegen landläufiger Meinungen ist die Vergewaltigung durch den Ehepartner noch traumatischer als durch einen Fremden (Lindner 1992).

Alkohol- oder Tablettenabhängigkeit sind ebenfalls häufige Folgen fortdauernder Misshandlungen. Die Frauen geraten dadurch häufig in psychologische oder psychiatrische Behandlungen, ohne dass dabei die Misshandlungsbeziehung als Ursache der Abhängigkeit aufgedeckt wird (Hageman-White 1981). In einer kanadischen Studie waren 16,3% der körperlich und 11,3% der psychisch misshandelten Frauen alkoholabhängig im Vergleich zu nur 2,4% der nicht misshandelten Frauen (Ratner 1993).

2.4.3 Das "battered woman syndrome"

In den USA und Kanada ist das "battered woman syndrome" mittlerweile als Form der posttraumatischen Belastungsstörung anerkannt. Dies ist insbesondere bei der Verteidigung von Frauen von Bedeutung, die ihren Misshandler verletzt haben, denn aggressives Verhalten bei fortwährender Misshandlung wird dort als erweiterte Form der Notwehr angesehen (Roth 1995). Symptome sind unter anderem sexuelle Funktionsstörungen, Depressionen, generalisierte Angststörungen und zwanghafte, neurotische Störungen (Gleason 1993).

In einer in der Zeitschrift "Geburtshilfe und Frauenheilkunde" veröffentlichten Studie wurden körperliche und psychische Auswirkungen von sexuellem Missbrauch untersucht: die gynäkologische Untersuchung ergab nur bei 5% der erwachsenen Frauen einen krankhaften Befund, während 60% Anzeichen einer posttraumatischen Belastungsstörung zeigten. Am häufigsten wurde über Ängste, Depressionen, Schuldgefühle, Schlafstörungen sowie Gefühle der Hilflosigkeit berichtet (Greimel 1999).

2.4.4 Gesundheitliche Folgen in der Schwangerschaft

Gewalt durch Partner oder Ehemann beginnt oder eskaliert häufig in der Schwangerschaft oder kurz nach der Geburt, vor allem dann, wenn es sich um eine unerwünschte Schwangerschaft handelt (Schmuel 1998). Häufig sind dann Tritte, Schläge oder Stöße in den Unterleib. In den USA werden schätzungsweise 15-25% der schwangeren Frauen misshandelt und so ist Gewalt häufiger als Schwangerschaftskomplikationen wie Präeklampsie, Gestationsdiabetes oder eine Placenta praevia (ebenda). Diese Frauen haben im Vergleich zu nicht misshandelten Frauen ein doppelt so hohes Risiko einer Fehlgeburt und ein vierfach erhöhtes Risiko einer Frühgeburt (ebenda).

In einer Metaanalyse von dreizehn Studien in den USA variierten die Prävalenzen von häuslicher Gewalt von 0,9% bis 20,1% (Gazmararian 1996). Wurde in den Studien an mehreren Stellen nach Gewalt gefragt oder wurden sie in den späteren Schwangerschaftswochen durchgeführt, zeigten sich höhere Prävalenzen (7,4-20,1%) (ebenda).

In einer Untersuchung des Forschungsverbundes Public Health in Berlin zu "soziopsychosomatisch orientierter Begleitung in der Schwangerschaft" gaben in den beiden Bezirken Hohenschönhausen und Lichtenberg Schwangere nur vereinzelt "Tätlichkeiten" durch den Partner an (Rauchfuß 1995). Gewalt in der Partnerschaft war in dieser Untersuchung allerdings nicht explizit thematisiert, sondern die Frage wurde im Zusammenhang mit anderen Verhaltensweisen gestellt, die die Partnerschaft belasten. Aufgrund der oben genannten Ergebnisse aus den USA, nach denen Gewalt durch Partner oder Ehemann häufig erst bei wiederholten Fragen genannt wird, muss man von einer Unterschätzung des tatsächlichen Ausmaßes von Misshandlung unter diesen Frauen ausgehen.

2.5 Ökonomische und gesellschaftliche Schäden durch Gewalt in der Familie

Zu den persönlichen Gesundheitsschäden der Betroffenen kommen noch ökonomische Auswirkungen hinzu. Eine kanadische Studie von 1995 schätzt die Kosten, die durch Gewalt gegen Frauen entstehen, in Kanada auf jährlich 4,2 Milliarden Dollar. In den USA wurden 1987 rund 27,6 Millionen Dollar allein für die Unterbringung von Gewaltopfern in Frauenhäusern und ähnlichen Einrichtungen ausgegeben (BMFSFJ 1995). Die bisher einzige europäische Untersuchung zu Kosten von Gewalt gegen Frauen wurde von September 1996 bis April 1997 in den Niederlanden durchgeführt und zeigt große Lücken. Es wurde daher vorsichtig kalkuliert, dass die Kosten für Polizei und Justiz, medizinische Versorgung, psychosoziale Versorgung und Schutzangebote sowie für Arbeit und soziale Sicherheit dort jährlich bei umgerechnet 300 Millionen DM liegen (Kavemann 1998). Für die Bundesrepublik liegen weder zum Ausmaß der Gewalt noch zu deren Auswirkungen vergleichbare Daten vor.

2.6 Der Umgang mit häuslicher Gewalt im professionellen Medizinsystem

Zum Umgang mit häuslicher Gewalt im professionellen Medizinsystem gibt es in den USA mittlerweile eine Reihe von Untersuchungen, die sich auf die Wahrnehmung betroffener Frauen, auf Barrieren beim medizinischen Personal und bei den Frauen sowie auf Möglichkeiten zur Verbesserung im Umgang mit Opfern häuslicher Gewalt beziehen.

So wurden in den USA etwa 430 Mitarbeiterinnen und Mitarbeiter von Notaufnahme-Abteilungen in sechs Krankenhäusern in Kalifornien im November/Dezember 1994 zum Thema "Häusliche Gewalt" befragt und von Juni bis August 1995 nach einem speziellen Schulungsprogramm. Der Anteil derjenigen, die angaben, sie hätten keine misshandelten Frauen behandelt bzw. wüssten nicht, ob sie misshandelte Frauen behandelt hätten, sank von 34% auf 7%, die genaue Dokumentation der Verletzungen wurde deutlich verbessert. Der Prozentsatz der Mitarbeiterinnen und Mitarbeiter, die misshandelte Frauen mit Informationsmaterial über "Häusliche Gewalt" versorgten, stieg von weniger als 45% auf 73%, und 65% gegenüber vorher 43% gaben nach der Schulung an, vor der Krankenhausentlassung einen Sicherheitsplan für die Opfer aufzustellen (FUND 1998).

In einer Untersuchung unter Ärztinnen und Ärzten der Primärversorgung im mittleren Westen der USA waren weniger als die Hälfte der Meinung, dass häusliche Gewalt unter ihren Patientinnen ein bedeutendes Problem darstellt. Fast 96% gaben an, dass mehr für die Schulung von Medizinerinnen und Medizinern getan werden sollte, und 94% waren der Meinung, dass häusliche Gewalt ein Teil der medizinischen Ausbildung sein sollte, fast die Hälfte äußerte jedoch, sie würden nicht an einem "domestic violence forum" teilnehmen (Reid 1997).

In einer weiteren Studie gaben 50% der Ärztinnen und Ärzte an, die Prävalenz häuslicher Gewalt unter ihren Patientinnen sei unter 1%, einer von zehn Klinikern hatte noch nie einen Fall häuslicher Gewalt identifiziert, 45% fragten selten oder nie nach häuslicher Gewalt, wenn sie eine verletzte Patientin untersuchten und allen Befragten war es weniger unangenehm nach Rauchen oder Alkoholkonsum zu fragen als nach Gewalt durch den Partner oder Ehemann. 28% glaubten, dass sie den Betroffenen nicht helfen könnten und nur 10% fühlten sich zum Umgang mit betroffenen Frauen informiert (Sugg 1999).

In einer anderen Untersuchung wurden Frauen nach ihren Erfahrungen mit Ärztinnen und Ärzten gefragt: Von den Frauen, die bisher von ihrem Partner misshandelt worden waren, konnten 68% ihrer Ärztin oder ihrem Arzt davon berichten, aber nur 12% waren danach gefragt worden. Alle Frauen waren der Meinung, dass Ärztinnen und Ärzte Informationen über kommunale und rechtliche Anlaufstellen zur Verfügung stellen sollten und den Frauen bei der Suche nach Schutz helfen sollten (Caralis 1997).

Von 21 Frauen, die an einer Gruppentherapie wegen häuslicher Gewalt teilnahmen, gaben 86% an, sie hätten ihren "regular doctor" im letzten Jahr aufgesucht, aber nur jede dritte hatte mit ihm über die häusliche Misshandlung gesprochen. Die Frauen berichteten über intensive Schamgefühle und über die Selbstverleugnung der Gewalt. Sie neigten dann dazu, das Thema anzusprechen, wenn sie das Gefühl hatten, dass die Ärztin oder der Arzt sich darum kümmern würde, wenn Ärztin oder Arzt eine beschützende Haltung annahmen oder einen weiteren Besuch anboten (McCauley 1998).

Die Ärztinnen und Ärzte empfanden das Ansprechen häuslicher Gewalt häufig als "öffneten sie die Büchse der Pandora". Wenn sie das Problem ansprachen, fürchteten sie die Offenbarungen, fühlten sich unwohl, ohnmächtig und unter Zeitdruck (Sugg 1992).

In einer australischen Studie von 1990 wurden praktische Ärztinnen und Ärzte befragt (Easterl zitiert nach Egger 1997). Dabei gaben nur 10% an, in ihrer Ausbildung Informationen über familiäre Gewalt erhalten zu haben. Nur 28% der Ärztinnen und Ärzte gaben an, nach der Ursache von Verletzungen zu fragen und in einem hohen Prozentsatz wurden Beruhigungsmittel verschrieben. Bezüglich der Ursachen wurde an erster Stelle übermäßiger Alkoholkonsum, gefolgt von psychischen Problemen des Misshandlers genannt. Die Ärztinnen und Ärzte, die bereits längere Praxiserfahrung hatten, stimmten zu einem höheren Prozentsatz der Aussage zu, die Provokation durch das Opfer sei die Ursache der Gewalt.

In Deutschland gibt es bisher keine Untersuchungen zum Umgang von Ärztinnen und Ärzten mit Opfern häuslicher Gewalt.

2.7 Informationsmaterial für Ärztinnen und Ärzte in Deutschland

Eigene Anfragen nach Literatur, Broschüren, Merkblättern oder Fortbildungsveranstaltungen für Ärztinnen und Ärzte zum Umgang mit häuslicher Gewalt bei der Bundesärztekammer, allen Landesärztekammern und den Berufsverbänden der Allgemeinmediziner, Chirurgen, Internisten und Gynäkologen ergaben, dass kaum entsprechendes Informationsmaterial vorhanden ist.

Die Bundesärztekammer konnte keine konkreten Hinweise geben und verwies in dieser Frage auf die Akademien für ärztliche Fortbildung und auf die Berufsverbände.

Die Landesärztekammer Hessen berichtete über den Ausschuss "Gewalt im sozialen Nahraum", mit dem sie zum Thema "Gewalt gegen Kinder" bereits einen Leitfaden herausgegeben sowie Veranstaltungen und Pressekonferenzen durchgeführt hatte. Ihr Vertreter machte auf den "Gewaltbericht der Regierungskommission zur Verhinderung und Bekämpfung von Gewalt" aufmerksam und schickte eine Artikelserie aus der Zeitschrift "medizin heute" von 1993 zum Thema "Gewalt in der Familie". Die Anfrage wurde zudem an das Referat "Ärztinnen" der Landesärztekammer weitergegeben.

Die Landesärztekammer Rheinland-Pfalz hatte die Anfrage an die Gleichstellungsstelle der Stadt Mainz und an das Ministerium für Kultur, Jugend, Familie und Frauen weitergeleitet. Aus dem Ministerium hieß es: "Leider sind solche schriftlichen Materialien bislang nicht vorhanden...., jedoch müssten die von Ihner erbetenen Informationsmaterialien für Ärztinnen und Ärzte in der Praxis oder Ambulanz erst erarbeitet werden."

Von den übrigen fürfzehn Landesärztekammern antworteten dreizehn, davon übermittelten weitere zwei die Anfrage an ihren Ausschuss bzw. Arbeitskreis "Ärztinnen", und drei empfahlen, sich an den Deutschen Ärztinnenbund, die Bundesärztekammer, an Berufsverbände oder an die jeweilige Behörde für Frauen, Gesundheit und/oder Soziales zu wenden.

Beim Berufsverband der Frauenärzte war ein standardisierter Untersuchungsbogen speziell für Frauenärzte und Frauenärztinnen zur Spurensicherung nach einer Vergewaltigung und einige Artikel aus gynäkologischen Fachzeitschriften zum Thema Vergewaltigung erhältlich.

Im Gegensatz zu den USA und Kanada, wo mittlerweile regelmäßig Publikationen zum Thema "domestic violence" in der Fachpresse erscheinen und "Guidelines" für den Umgang mit Frauen, die Opfer häuslicher Gewalt wurden in Buchform, als Merkblätter oder über das Internet allgemein und leicht zugänglich sind, existieren solche Richtlinien oder Empfehlungen in der Bundesrepublik offensichtlich noch nicht.

In den medizinischen Fachzeitschriften wurde in den letzten Jahren häufiger über Misshandlung und sexuellen Missbrauch von Kindern berichtet und auch Gewalt gegen ältere, insbesondere pflegebedürftige Menschen rückt zunehmend in den Blickpunkt. Häusliche Gewalt gegen Frauen ist hingegen in der deutschsprachigen medizinischen Fachpresse praktisch kein Thema.

2.8 Fragestellung und Zielsetzung

Die bisherigen Forschungsergebnisse, die hauptsächlich aus den USA und Kanada stammen (vgl. 2.6) und die Tatsache, dass in Deutschland kaum Informationen für Ärztinnen und Ärzte zum Umgang mit häuslicher Gewalt existieren (vgl.2.8), lassen vermuten, dass Defizite bei der ärztlichen Versorgung der von Gewalt in der Familie betroffenen Frauen bestehen. Diese sind auf Faktoren zurückzuführen, die zwar einerseits im Verhalten der Frauen begründet sind, andererseits aber auch wesentlich von den Ärztinnen und Ärzten bestimmt werden, die damit konfrontiert sind. Ebenso wie Gewalt in der Familie ein komplexes Problem darstellt, so ist auch der Umgang in der ärztlichen Praxis damit von vielschichtigen Faktoren und Hemmnissen beeinflusst.

Wenn man davon ausgeht, dass viele betroffene Frauen zu irgendeinem Zeitpunkt eine Ärztin oder einen Arzt aufsuchen, entweder direkt aufgrund von Gesundheitsstörungen, die mit der Misshandlung zusammenhängen oder aufgrund anderer gesundheitlicher Probleme, könnte die Ärzteschaft als professionelle Gruppe im Gesundheitswesen eine wichtige Rolle bei der Identifikation häuslicher Gewalt und deren Bewältigung spielen. Mit dem System niedergelassener Arztpraxen steht ein dichtes Netz von potentiellen

Anlaufstellen für betroffene Frauen zur Verfügung. Von Expertinnen in Frauenhäusern und Frauenberatungsstellen wird die Bedeutung der Professionellen im Gesundheitswesen bei der Aufdeckung von Gewalttaten, der Unterstützung der Opfer und der Verhinderung neuer Misshandlungen betont (Egger 1997, Gut 1998). Gleichzeitig wird ein großes Informationsdefizit zum Thema "Gewalt gegen Frauen" bei den in den medizinischen Berufen Tätigen beklagt (Gut 1998).

Um dieses im Gesundheitswesen liegende Potential zu nutzen und die Versorgung, die Hilfsangebote und den Schutz für die Frauen zu verbessern, die von Gewalt in der Familie betroffen sind, ist es wichtig, die Ursachen näher zu untersuchen, die sowohl von Seiten der Frauen als auch von Seiten der Ärzteschaft dazu führen, dass häusliche Gewalt nicht wahrgenommen oder nicht thematisiert und bearbeitet wird.

In der vorliegenden Arbeit sollen einige Aspekte im Umgang mit betroffenen Frauen aus der Sicht von niedergelassenen Ärztinnen und Ärzten beleuchtet werden.

Die Fragestellung: "Wie ist der Umgang in ärztlichen Praxen mit Frauen, die von Gewalt in der Familie betroffen sind?" lässt sich in folgenden Themenkomplexen präzisieren:

- Inwieweit werden Opfer häuslicher Gewalt in der ärztlichen Praxis als solche wahrgenommen?

- Inwieweit wird häusliche Gewalt in der ärztlichen Praxis angesprochen, und welche Faktoren können ein Ansprechen des Themas verhindern?

- Wie ist die Haltung der Ärztinnen und Ärzte den Frauen bzw. der Thematik gegenüber?

- Welche Maßnahmen ergreifen Ärztinnen und Ärzte, wenn sie Misshandlungen erkennen oder vermuten?

- Wie ist die Dokumentation der Verletzungen und der Ursachen von Gesundheitsstörungen im Zusammenhang mit Misshandlungen durch Partner oder Ehemann?

- Welche Verbesserungsmöglichkeiten sehen die Medizinerinnen und Mediziner?

- Wie wird der Fortbildungsbedarf eingeschätzt?

- Unterscheiden sich Frauen und Männer in ihrem Umgang mit Patientinnen, die Opfer häuslicher Gewalt wurden?

- Gibt es Unterschiede im Umgang mit Opfern häuslicher Gewalt zwischen Ärztinnen und Ärzten der beiden Bezirke, der verschiedenen Fachgruppen oder zwischen verschiedenen Altersgruppen?

Anhand eine Pilotuntersuchung unter niedergelassenen Ärztinnen und Ärzten zweier Berliner Bezirke sollen Hypothesen generiert und präzisiert werden. Die Studie soll explorativ den Umgang von Ärztinnen und Ärzten mit Opfern häuslicher Gewalt untersuchen, um Defizite und Ansatzpunkte für Verbesserungsmöglichkeiten zu benennen.

Auf der Grundlage der Ergebnisse könnten in weiteren Schritten gezielt Programme erarbeitet werden, um Ärztinnen und Ärzte über die Zusammenhänge in Gewaltbeziehungen zu informieren, sie für die Problematik zu sensibilisieren und ihnen praktische Handlungswege aufzuzeigen.

3. Methoden

3.1 Die Projektarbeit bei der PLSG Hohenschönhausen

Die Plan- und Leitstelle Gesundheit des Bezirksamtes Hohenschönhausen
hatte die Befragung niedergelassener Ärztinnen und Ärzten im Rahmen der
Projektarbeit initiiert. Vor dem Hintergrund der geplanten Zusammenlegung
der Berliner Bezirke Hohenschönhausen und Lichtenberg und im Hinblick
auf zukünftige gemeinsame Versorgungsstrukturen, wurde auch die Plan-
und Leitstelle der Abteilung für Gesundheit und Soziales im Bezirksamt
Lichtenberg für die Beteiligung an der Befragung gewonnen.

Während der Projektphase wurde das Erhebungsinstrument entwickelt und
getestet. Ein erster Entwurf des Fragebogens entstand in Anlehnung an
einen vom Family Violence Prevention Fund im Internet veröffentlichten
Fragebogen (FUND 1998), der an Mitarbeiterinnen und Mitarbeiter von
sechs "Emergency Departments" in Kalifornien gerichtet war und vor und
nach einer Schulung zum Umgang mit Opfern häuslicher Gewalt eingesetzt
wurde.

In einer Runde von Expertinnen die beruflich und/oder auf politischer Ebe-
ne seit längerer Zeit mit dem Problem "Häusliche Gewalt" befasst waren,
wurden die Art der Erhebung, die zu befragende Gruppe sowie die einzelnen Fragen ausführlich diskutiert. Die Runde setzte sich überwiegend aus
Frauen zusammen, die bereits an Veranstaltungen zum Thema und an dem
im zweiten Quartal 1998 in Hohenschönhausen erschienen Journal "Gesundheit. Gewalt gegen Frauen" beteiligt waren und daher schon Kontakt
zur Plan- und Leitstelle Gesundheit hatten. Es nahmen teil der Leiter und
eine Mitarbeiterin der Plan- und Leitstelle Gesundheit, die Gleichstellungs-
beauftragte des Bezirkes Hohenschönhausen, eine Vertreterin des Sozi-
alpsychiatrischen Dienstes in Hohenschönhausen, eine Mitarbeiterin der
Frauenberatungsstelle BORA, ein Mitglied des Abgeordnetenhauses Berlin
für die Fraktion Bündnis 90/Die Grünen, die mehrere Anhörungen zum
Thema Gewalt gegen Frauen initiiert hatte sowie ich selbst. Alle Expertinnen, die nicht teilnehmen konnten, zeigten dennoch großes Interesse an
der Befragung und äußerten sich in anderen Zusammenhängen zur Problematik und zum Fragebogen.

Zur Auswahl der zu befragenden Fachgruppen wurde in der Diskussions-
runde überwiegend die Meinung vertreten, dass betroffene Frauen wahrscheinlich nicht nur Ärztinnen und Ärzte der primär "zuständigen"
Fachgebiete wie Allgemeinmedizin, Innere Medizin, Chirurgie oder Gynäkologie aufsuchten. Da sie häufig nicht direkt aufgrund der Gesundheitsstörungen durch eine Misshandlung, sondern aufgrund anderer Beschwerden
oder auch wegen der Kinder ärztliche Hilfe in Anspruch nehmen, könnten
sie auch in anderen Fachgebieten in Erscheinung treten.

Es sollten daher alle niedergelassenen Ärztinnen und Ärzte der Bezirke
Hohenschönhausen und Lichtenberg, die direkten Kontakt mit Patientinnen
haben, außer Zahnärztinnen und Zahnärzten befragt werden.

Der siebenseitige Fragebogen beinhaltete die Themenkomplexe: Wahrnehmung, Haltung, Hinderungsgründe für das Erkennen und Ansprechen
von häuslicher Gewalt, Dokumentation, Maßnahmen, Informationen, Einschätzen eigener Möglichkeiten, Verbesserungsvorschläge bezüglich Information und Hilfsangeboten, offene Kategorien für ein Fallbeispiel und für
weitere Anmerkungen sowie demographische Fragen zu Person und Praxis. Das Erhebungsinstrument wird weiter unten ausführlich beschrieben.

3.1.1 Durchführung und Ergebnisse des Pretestes

1998 waren in Hohenschönhausen 89 Ärztinnen und 55 Ärzte, in Lichtenberg 163 Ärztinnen und 86 Ärzte, also insgesamt in allen Fachgebieten 393
Ärztinnen und Ärzte niedergelassen, davon knapp zwei Drittel weiblich.

Im Pretest sollte ein möglichst breiter Querschnitt durch die verschiedenen
Fachrichtungen und ein etwa gleicher Anteil an Frauen und Männern befragt werden. Durch eine reine Zufallsauswahl war dies nicht zu gewährleisten, deshalb wurden aus allen Niedergelassenen in Hohenschönhausen
und in Lichtenberg Schichten nach Fachgruppen und in größeren Fachgruppen noch Untergruppen von Frauen und Männern gebildet, aus denen
dann jeweils eine Person mittels Losverfahren gezogen wurde. Die so gezogene Stichprobe bestand aus elf Ärztinnen und zehn Ärzten der Fachgruppen Praktische Medizin, Allgemeinmedizin, Innere Medizin, Gynäko-
logie/Geburtshilfe, Chirurgie, Urologie, Kinderheilkunde und Hals-Nasen-
Ohren-Heilkunde, davon praktizierten zehn im Bezirk Hohenschönhausen
und elf im Bezirk Lichtenberg.

Ende Januar 1999 wurden die insgesamt 21 Fragebogen über das Bezirksamt Hohenschönhausen verschickt. Das Procedere entsprach dem, das
auch für die eigentliche Befragung vorgesehen war.

Der Rücklauf im Pretest war mit drei von 21 Fragebogen außerordentlich
gering. Zwei der Fragebogen waren sehr ausführlich bearbeitet worden, bei
dem dritten war lediglich die erste Seite ausgefüllt mit dem Hinweis, in der
Praxis würden derartige Fälle kaum vorkommen.

In einer Nachfassaktion per Telefon wurden die Gründe, aus denen der
Fragebogen nicht ausgefüllt worden war, erfragt. Dabei stand deutlich im
Vordergrund, dass die Ärztinnen und Ärzte in ihrer Praxis keinen oder nur
selten Kontakt zu Opfern häuslicher Gewalt hätten. Eine Kinderärztin gab
an, sie dürfte die begleitenden Mütter nicht behandeln, selbst dann wenn
sie den Verdacht auf häusliche Gewalt hätte; bei den Kindern sei sie durchaus öfter mit Misshandlungen konfrontiert.

Fast alle gaben auch mehr oder weniger großen Zeitdruck als Hinderungsgrund für die Beantwortung an. Es wurde vereinzelt angemerkt, die Befragung hätte angekündigt werden sollen.

3.1.2 Diskussion der Ergebnisse des Pretestes und Veränderung des methodischen Vorgehens

Aufgrund der Erfahrungen der Projektarbeit und des Pretestes wurde die
Methodik, insbesondere bezüglich Zielgruppe und Procedere, noch einmal
grundsätzlich innerhalb des Studienganges und der Plan- und Leitstelle
diskutiert.

Zunächst stellte sich die Frage, ob eine schriftliche, überwiegend quantitative Studie zu diesem stark tabuisierten Thema überhaupt zu verwertbaren
Ergebnissen führt oder ob nicht qualitative Interviews mit Ärztinnen und
Ärzten besser geeignet wären. Vorteilhaft an der qualitativen Methode
wären insbesondere differenziertere Aussagen zu den Einstellungen der
Befragten. Nachteilig wäre ein ebenfalls schwieriger Feldzugang in den
beiden Bezirken, da die Bereitschaft zu einem Interview, das noch mehr
Zeit in Anspruch nehmen würde als der vorliegende Fragebogen, nur bei
denen erwartet werden könnte, die die Problematik für ausreichend relevant
halten.

Telefonische Interviews mit den niedergelassenen Ärztinnen und Ärzten in
den beiden Bezirken wären wegen fehlender Anonymität aus Gründen des

Datenschutzes sehr problematisch. Bei einem sensiblen Thema wie "Gewalt im häuslichen Bereich" wären die Aussagen möglicherweise auch nicht offen genug. Wegen des Zeitdruckes der Ärztinnen und Ärzte in der Niederlassung wären nur relative kurze Interviews auf Kosten wesentlicher Fragenkomplexe möglich.

Eine andere Vorgehensweise, die diskutiert wurde, waren Experteninterviews zum Beispiel mit Mitarbeiterinnen von Krisennotdiensten und Frauenhäusern zu ihren Erfahrungen mit dem Umgang von Ärztinnen und Ärzten mit betroffenen Frauen. Der Feldzugang bei dieser Methode wäre wegen der guten Kontakte mit den Expertinnen durch die Projektarbeit gesichert. Es wären aber nur indirekte Aussagen über die Ärzteschaft möglich und nicht Erkenntnisse über deren eigene Perspektive.

Die Plan- und Leitstellen hatten zudem großes Interesse, Einblick in die Situation der im eigenen Bezirk niedergelassenen Ärztinnen und Ärzte zu bekommen und durch eine Befragung deren Sensibilität für das Thema zu wecken.

Da diejenigen, die sich mit dem Problem konfrontiert sahen, den Fragebogen im Pretest ausführlich und aussagekräftig ausgefüllt hatten, blieb es grundsätzlich bei der schriftlichen Befragung niedergelassener Ärztinnen und Ärzte in den Bezirken Hohenschönhausen und Lichtenberg. Der Fragebogen wurde gekürzt und mit einer Filterfrage als Eingangsfrage versehen, um diejenigen, die keinen oder wenig Kontakt mit betroffenen Frauen wahrgenommen hatten, zu den für sie noch relevanten Fragen zu führen.

Bei den Ärztinnen und Ärzten der "kleinen Fachgebiete" und bei sehr spezialisierten Fachgruppen war aufgrund des Pretests anzunehmen, dass sie sich kaum mit häuslicher Gewalt konfrontiert sehen und daher von dieser Gruppe kaum eine Bereitschaft zur Teilnahme an der Befragung zu erwarten wäre. Es wurden daher nur die Fachgruppen befragt, die überwiegend an der Primärversorgung von Frauen beteiligt sind wie Praktikerinnen und Praktiker, Allgemeinmedizinerinnen und Allgemeinmediziner, Internistinnen und Internisten sowie Gynäkologinnen und Gynäkologen. Aus Gründen begrenzter personeller und zeitlicher Ressourcen wurde eine zufällige Auswahl aus diesen Fachgruppen getroffen.

Zur Verbesserung des Feldzuganges wurde die Befragung im Berliner Ärzteblatt, dem Organ der Berliner Ärztekammer, das alle Berliner Ärztinnen und Ärzte monatlich per Post erhalten, und im Berliner Bezirksjournal für

Hohenschönhausen und Lichtenberg, das ebenfalls monatlich kostenlos an alle Haushalte verteilt wird, angekündigt.

Die aus den relevanten Fachgruppen zufällig ausgewählten Personen wurden telefonisch nach ihrer Teilnahmebereitschaft gefragt. Nur diejenigen, die zur Teilnahme bereit waren, erhielten einen Fragebogen, die anderen wurden nach den Gründen ihrer Ablehnung befragt, um diese systematisch auszuwerten.

Bei denen, die zunächst bereit waren, den Fragebogen auszufüllen und dies dann doch nicht taten, wurde noch einmal telefonisch nachgefasst.

3.2 Die Fragebogenkonstruktion – Modifizierung des Erhebungsinstrumentes

Aufgrund der Ergebnisse des Pretests wurde der Fragebogen gekürzt und modifiziert. Die meisten Themenkomplexe wurden beibehalten und es wurden Kürzungen bei den einzelnen Fragen vorgenommen. Lediglich auf das Thema "Haltung gegenüber den Frauen und ihren Partnern" wurde im Wesentlichen verzichtet. So wurden vor allem "heikle" Items weggelassen, wie zum Beispiel "Manchmal kann man die Männer verstehen, wenn ihnen die Hand ausrutscht", "Frauen, die sich das gefallen lassen, sind selbst schuld" oder "Häufig provozieren die Frauen ihre Männer". Durch eher "neutrale" Fragen sollte die Bereitschaft, den Fragebogen auszufüllen, erhöht werden.

Da viele niedergelassene Ärztinnen und Ärzte dem Problem "Häusliche Gewalt" in ihrem Praxisalltag keine oder eine nur geringe Relevanz beimaßen, wurde am Anfang des Fragebogens eine Filterfrage eingebaut, um diejenigen die bisher keinen Kontakt mit betroffenen Patientinnen wahrgenommen hatten, zu den Fragen zu leiten, die für sie sinnvoll zu beantworten sind.

Der Fragebogen besteht aus neun geschlossenen und sieben halboffenen Fragen, hinzu kommen drei offene Fragen sowie fünf Fragen zu Person und Praxis.

Die geschlossenen und halboffenen Fragen beinhalten jeweils Items, die auf einer 5-stufigen Skala von "trifft ganz zu" bis "trifft gar nicht zu", von "immer" bis "nie" oder von "sehr wichtig" bis "völlig unwichtig" bewertet werden sollen. Wo es inhaltlich sinnvoll ist, kommt dazu eine Kategorie "weiß nicht" und bei den halboffenen Fragen, die Möglichkeit unter "sonstige", eigene Aussagen zu formulieren, damit die Antwortmöglichkeiten umfassend sind. Ein Teil der geschlossenen Fragen lässt nur die Antworten "ja" oder "nein" zu.

Der Fragebogen beinhaltet folgende Themenkomplexe:

1. Wahrnehmung von häuslicher Gewalt gegen Frauen (Fragen 1,2,3,4)

2. Symptome, die auf häusliche Gewalt hinweisen können (Frage 5)

3. Ansprechen von häuslicher Gewalt (Fragen 6,7)

4. Hindernisse, Gewalt zu erkennen (Frage 8)

5. Maßnahmen bei erkannter oder vermuteter häuslicher Gewalt (Frage 9)

6. Dokumentation (Frage 10)

7. Einschätzung eigener Möglichkeiten der Ärztinnen und Ärzte (Fragen 11,15,16)

8. Wissen zu Einrichtungen und vorhandenes Informationsmaterial (Fragen 12,13,14)

9. Verbesserungsvorschläge bezüglich Informationen und Hilfsangeboten (Frage 17, 18)

10. Offene Frage für Anmerkungen zum Thema und zur Befragung (Frage 19)

11. Demographische Fragen zu Person und Praxis (Fragen 20-24)

Die Fragen zum Ausmaß häuslicher Gewalt, zur Selbsteinschätzung der Ärztinnen und Ärzte, zu Hindernissen für das Erkennen und Ansprechen häuslicher Gewalt, zu Maßnahmen, Dokumentation und Information sind teilweise angelehnt an den Fragebogen der kalifornischen Untersuchung in Notfall-Abteilungen, die vom Family Violence Prevention Fund im Internet veröffentlicht wurde (FUND 1998).

3.2.1 Eingangsfrage/Filterfrage

Die erste Frage "Hatten Sie in Ihrer Praxis bisher Kontakt mit Patientinnen, die Opfer häuslicher Gewalt wurden?" soll die Befragten dazu anregen, über ihre Patientinnen nachzudenken und zu überlegen, ob sie in ihrem Praxisalltag jemals mit dem Problem "häusliche Gewalt" konfrontiert waren. Diese Frage ist als einfache ja-nein-Frage konstruiert, um den Befragten eine rasche und eindeutige Zuordnung zu ermöglichen.

Wer bei dieser Frage "nein" antwortet, soll noch die Frage 5 nach körperlichen oder psychischen Symptomen, die auf häusliche Gewalt hinweisen können und die Frager 11 bis 24 nach Informationen, Einschätzung eigener Möglichkeiten und Verbesserungsvorschläge sowie die Angaben zu Person und Praxis beantworten. Wer hier mit "ja" antwortet soll alle weiteren Fragen beantworten.

Die Forschungsergebnisse aus den USA sowie die Tatsache, dass das Thema "Häusliche Gewalt gegen Frauen" in Deutschland in den medizinischen Fachzeitschriften in den letzten Jahren praktisch nicht behandelt wurde, lassen vermuten, dass die Wahrnehmung betroffener Frauen durch niedergelassene Ärztinnen und Ärzte auch in den Berliner Bezirken außerordentlich gering sein würde. Die Ergebnisse des Pretests sprachen ebenfalls für diese Einschätzung. Durch die Filterfrage sollte die Möglichkeit eröffnet werden, auch von denjenigen, die bisher keinen Kontakt wahrgenommen hatten, noch Aussagen zum Thema zu erhalten.

3.2.2 Wahrnehmung von Gewalt allgemein

Bereits die Eingangsfrage gibt eine Aussage über die Wahrnehmung häuslicher Gewalt im Praxisalltag. In den Fragen 2 und 3 sollen die Befragten in geschlossener Form abschätzen, wie viele Fälle von Opfern häuslicher Gewalt in ihrer Praxis im Verlauf des letzten Jahres aufgetreten sind, unterschieden nach Fällen, bei denen sie es wissen und solchen, bei denen sie lediglich die Vermutung haben.

Die Eingangsfrage und die beiden Fragen nach der Anzahl der Fälle können in Relation gesetzt werden zu Angaben über die Anzahl der misshandelten Frauen insgesamt, wie sie zum Beispiel im Gesundheitsbericht für Deutschland veröffentlicht wurden, und so kann indirekt der Grad der Wahrnehmung durch die Befragten abgeschätzt werden.

3.2.3 Wahrnehmung der Formen von Gewalt

Anschließend werden in Frage 4 in einer halboffenen Frage Formen der Gewalt (körperliche, sexuelle, psychische, ökonomische und soziale Gewalt) erfragt, die die Ärztinnen und Ärzte bei ihren Patientinnen beobachtet haben. In einer offenen Kategorie haben sie die Möglichkeit noch andere Formen von Gewalt zu benennen.

Körperliche Gewalt wird im allgemeinen am ehesten als Gewalt wahrgenommen. Da diese aber häufig den Endpunkt einer Gewaltspirale darstellt, die mit subtilen Methoden der Demütigung und der Isolation beginnt, wäre es wichtig im Sinne der Prävention und der frühzeitigen Intervention, bereits andere Formen von Gewalt als solche zu erkennen. Von besonderem Interesse ist auch die Wahrnehmung sexueller Gewalt in Ehe und Partnerschaft, da diese zusätzlich tabuisiert und in Deutschland durch die fehlende Strafbarkeit ehelicher Vergewaltigung bis 1997 noch gesetzlich legitimiert war.

3.2.4 Wahrnehmung von Symptomen

In einer offenen Frage sollen sowohl diejenigen, die bisher Kontakt zu Patientinnen hatten, die Opfer häuslicher Gewalt wurden, als auch die anderen Ärztinnen und Ärzte schildern, welche körperlichen und psychischen Symptome sie als Hinweis auf eine möglicherweise vorliegende Misshandlung werten. Hier wurde die offene Frageform gewählt, um Suggestivfragen auszuschließen und die Gefahr der Antwortwahl aufgrund sozialer Erwünschtheit zu reduzieren.

Die Fragen nach der Wahrnehmung zielen insgesamt auf eine Quantifizierung der identifizierten Fälle häuslicher Gewalt ab und darauf, was von den Befragten überhaupt als Gewalt oder als Anzeichen für Gewalt wahrgenommen wird.

3.2.5 Ansprechen von häuslicher Gewalt und Gründe, die Gewalt nicht anzusprechen

Die Ärztinnen und Ärzte, die bereits Kontakt mit Opfern häuslicher Gewalt hatten, sollen in der geschlossenen Frage 6 auf der Skala von "immer" bis "nie" angeben, wie häufig sie Patientinnen direkt fragen, ob Verletzungen oder Beschwerden von Gewalttätigkeiten durch den Partner/Ehemann herrühren, wenn sie den Verdacht haben.

In der nächsten Frage werden zwölf Items vorgegeben, die Gründe dafür sein können, dass die Befragten die Gewaltproblematik nicht ansprechen, obwohl sie vermuten oder wissen, dass die Frau misshandelt wird. Die Skala reicht von "trifft ganz zu" bis "trifft gar nicht zu". Zusätzlich können in einer offenen Kategorie andere Gründe angegeben werden.

Es werden Faktoren erfragt, die im Wesentlichen im ärztlichen Verhalten begründet sind, solche, die eher von der Patientin bestimmt werden, solche die im Verhältnis von Ärztin/Arzt und Patientin liegen und solche, die durch die spezifische Situation einer niedergelassenen Praxis bedingt sind. Es soll damit ein breites Spektrum an möglichen Hindernissen für das Ansprechen von Gewalt abgedeckt werden.

Die Faktoren, die in der ärztlichen Person liegen, sollen einen groben Einblick in Haltung, Selbsteinschätzung und Unsicherheiten der Befragten geben. Darunter fallen die Items sich nicht in Privatangelegenheiten einmischen zu wollen, nicht helfen zu können, nicht über die eigenen Möglichkeiten hinaus involviert werden zu wollen und die Sicherheit bzw. mangelnde Sicherheit über das Vorliegen einer Misshandlung.

Faktoren, die auf Seiten der Patientin liegen, sind der Eindruck, die Patientin ändere nichts an ihrer Situation, der Umstand, dass die Patientin nicht alleine in der Sprechstunde erscheint, sondern mit Kindern oder Partner, und der Schweregrad ihrer Symptome.

Der Einfluss, den das Verhältnis der Ärztin oder des Arztes zur betroffenen Patientin hat, wird in den Items erfragt, ob das Ansprechen von Gewalt davon abhängt, wie gut sie oder er die Patientin kennt, und inwieweit sprachliche oder kulturelle Barrieren bestehen.

Gründe, die in der Praxissituation bedingt sind, sind Zeitdruck während der Sprechstunde oder eine nicht angemessene Honorierung längerer Gespräche.

3.2.6 Hindernisse, Gewalt zu erkennen

In Frage 8 werden Faktoren angesprochen, die das Erkennen häuslicher Gewalt behindern und im Verhalten der Frau begründet sind: sie möchte nicht als Opfer häuslicher Gewalt erkannt werden, weil sie sich vor weiterer Gewalt fürchtet oder weil sie sich schämt, sie spricht die Ursachen der Verletzungen nicht von sich aus an oder sie streitet ab, misshandelt worden zu sein. Die Faktoren sollen in der Häufigkeit ihres Auftretens auf einer Skala von "immer" bis "nie" eingeschätzt werden. Auch hier gibt es eine offene Kategorie für sonstige Faktoren.

3.2.7 Maßnahmen und Dokumentation

In den Fragen 9 und 10 wird erhoben, welche Maßnahmen die Ärztinnen und Ärzte ergreifen, wenn sie häusliche Gewalt vermuten oder erkennen, und was sie dokumentieren. In den Antwortkategorien wurden nach ausführlicher Diskussion in der Expertinnenrunde bewusst alle Maßnahmen vermieden, deren Ergreifen für die betroffene Frau nachteilig sein könnte, wie zum Beispiel ein Ansprechen des Partners, falls er dieselbe Praxis auch als Patient aufsucht oder eine Verständigung der Polizei ohne Zustimmung der Frau, da dadurch die Gefahr besteht, dass die Frau verstärkt

der Gewalt des Partners oder Ehemannes ausgesetzt ist. Solche Antwortmöglichkeiten könnten bei den Befragten den Eindruck erwecken, sie sollten diese Maßnahmen in Zukunft ergreifen. Beide Fragen sollen anhand
einer Häufigkeitsskala von "immer" bis "nie" beantwortet werden, sie sind
halboffen gestellt und lassen Raum für eigene Vorschläge.

In Frage 9 wird konkret gefragt nach der Intensität der Untersuchung, dem
Ansprechen der häuslichen Situation, inwieweit Informationsmaterial zur
Verfügung gestellt wird, an welche Institutionen die Frauen überwiesen oder
vermittelt werden (Krankenhaus, Psychotherapie, Krisennotdienst, Frauen-
haus) und welche Empfehlungen ihr gegeben werden (Polizei einschalten,
Partnerberatung oder Rechtsberatung aufsuchen).

In der nächsten Frage wird erhoben, wie die Symptome und die Aussagen
der Patientin über die Ursache ihrer Verletzungen dokumentiert werden und
unter welchen Bedingungen der Verdacht einer Misshandlung in der Kartei
notiert wird.

3.2.8 Selbsteinschätzung und Informiertheit der Ärztinnen und Ärzte

Die Fragen 11 bis 16 sollen von allen Befragten beantwortet werden, also
auch von denen, die angegeben haben, sie hätten in ihrer Praxis bisher
keinen Kontakt zu Opfern häuslicher Gewalt. Es handelt sich überwiegend
um geschlossenen Fragen, die mit "ja" oder "nein" (Fragen 11,12,13,14)
oder auf der Skala von "immer" bis "nie" (Fragen 15, 16) beantwortet werden können.

Frage 11 erfasst, ob die Ärztinnen und Ärzte sich selbst als Ansprechpartner für Patientinnen, die von häuslicher Gewalt betroffen sind, sehen. Sie
soll darüber Auskunft geben, ob das Selbstbild der Befragten überhaupt
zulässt, ärztliche Praxen als Anlaufstellen für misshandelte Frauen zu eta-
blieren.

Danach (Frage 12) wird erfragt, ob die Ärztinnen und Ärzte sich über das
Thema ausreichend informiert fühlen. Wesentlich bei dieser Frage ist wiederum die Selbsteinschätzung der Befragten.

In Frage 13 wird der Bekanntheitsgrad verschiedener Einrichtungen erfasst,
die Hilfe für Opfer häuslicher Gewalt anbieten, wobei die Ärztinnen und
Ärzte entlang einer vorgegebene Liste "ja" oder "nein" ankreuzen können
und außerdem die Möglichkeit haben, unter "sonstige", andere ihnen bekannte Stellen zu benennen.

Frage 14 ermittelt, ob in der Praxis Informationsmaterial für Opfer häuslicher Gewalt vorhanden ist oder nicht. Wer hier "ja" antwortet, hat sich wahrscheinlich in irgendeiner Form bereits mit dem Thema auseinander gesetzt. Viele "nein"-Antworten können auch darauf hindeuten, dass entsprechendes Material nicht vorhanden oder nicht zugänglich ist.

In den Fragen 15 und 16 sollen die Ärztinnen und Ärzte einschätzen, inwieweit sie selbst Opfer häuslicher Gewalt erkennen und inwieweit sie ihnen angemessene Hilfe anbieten können.

3.2.9 Verbesserungsvorschläge bezüglich Informationen und Hilfsangeboten

Verbesserungsmöglichkeiten, unter anderem in der Aus- und Weiterbildung, werden als Hinweis auf Defizite in diesen Bereichen erfragt. Die Ärztinnen und Ärzte sollen in Frage 17 mit Hilfe der Kategorien "sehr wichtig" bis "völlig unwichtig" Vorschläge wie zum Beispiel schriftliches Informationsmaterial, Fortbildungsveranstaltungen, ärztliche Gesprächszirkel, bessere Honorierung und bessere Schulung anderer Berufsgruppen hinsichtlich ihrer Wichtigkeit für die Verbesserung der ärztlichen Hilfsmöglichkeiten bewerten. Für sonstige Vorschläge ist zusätzlich reichlich Platz vorgesehen.

Danach kann in einer offenen Frage dargestellt werden, was von Seiten des Bezirkes getan werden sollte.

3.2.10 Offene Frage für weitere Anmerkungen zum Thema oder zur Befragung

Hier sollen die Befragten noch die Gelegenheit haben, weitere Aspekte anzumerken, die ihnen im Zusammenhang mit dem Thema "Häusliche Gewalt" oder mit der Befragung wichtig erscheinen.

Die Antworten der offenen Fragen sollen kategorisiert und soweit inhaltlich sinnvoll quantitativ erfasst werden, zudem sollen die Ergebnisse deskriptiv dargestellt werden.

3.2.11 Demographische Fragen zur Person und zur Praxis

Zuletzt werden noch demographische Daten erhoben, wobei der Fragebogen sich zur Person auf Geschlecht, Alter in drei Kategorien und Fachrichtung beschränkt, zur Praxis wird der Standort (Hohenschönhausen oder Lichtenberg) und zur Abschätzung der Praxisgröße, die Anzahl der abgerechneten Scheine in drei groben Kategorien erfasst. Die Begründungen für die Art der Kategorisierungen ergeben sich hauptsächlich aus den Anforderungen des Datenschutzes und werden daher im folgenden Abschnitt erläutert.

3.3 Datenschutz

Fragebogen und Anschreiben wurden bereits vor dem Pretest dem Berliner Datenschutzbeauftragten vorgelegt und das gesamte Procedere der Befragung wurde unter datenschutzrechtlichen Aspekten besprochen. Die Änderungen, die sich nach dem Pretest für die Hauptbefragung ergaben, wurden ausdrücklich gebilligt.

Wegen der relativ kleinen Gruppe von Befragten und der größeren Bekanntheit von Ärztinnen und Ärzten im Vergleich zu "Normalpersonen", sollten die persönlichen Daten nur anonym in groben Kategorien erfasst werden. Das Erfragen von Bezirk und Geschlecht ist aus der Sicht des Datenschutzbeauftragten unproblematisch. Das Alter sollte nicht als Jahresangabe, sondern in Kategorien von 10 Jahren erfasst werden. Bei der Angabe der Fachrichtung sollten Fachgebiete mit weniger als sechs niedergelassenen Ärztinnen und Ärzten in einem der Bezirke nach ähnlichen Fachrichtungen bzw. unter "Sonstige" zusammengefasst werden.

Gegenüber der Frage nach der Anzahl der Abrechnungsscheine pro Quartal gab es keine datenschutzrechtlichen Bedenken. Die sehr grobe Kategorisierung dient hier dazu, eine größere Akzeptanz zu erreichen, da indirekt auf den Verdienst des Befragten geschlossen werden könnte, was sich in Befragungen immer wieder als kritisch erweist. Im Zusammenhang mit der Fragestellung interessiert jedoch nicht der Verdienst der Ärztinnen und Ärzte, sondern es geht darum, die quantitative Relevanz des Problems "Häusliche Gewalt" im Praxisalltag abzuschätzen. Es wurden daher lediglich drei grobe Antwortkategorien vorgegeben, nach denen man eine Praxis in etwa auch als "klein", "mittel" oder "groß" einteilen könnte. Hätte man dies als Kategorien vorgegeben, wäre es den Ärztinnen und Ärzten jedoch schwer gefallen, sich einzuordnen, während die Anzahl der Abrechnungsscheine pro Quartal eine gängige Größe für sie ist.

Fragebogen und Anschreiben sollten zusammen mit einem Rückumschlag ohne Absenderangabe und einer mit dem Absender versehenen Rückantwort-Postkarte zur Rücklaufkontrolle über die Poststellen der Bezirksämter an diejenigen niedergelassenen Ärztinnen und Ärzte in Hohenschönhausen und Lichtenberg versandt werden, die sich telefonisch zur Teilnahme bereit erklärt hatten.

Das Nachfassen sollte telefonisch bei den Personen erfolgen, von denen keine Rückantwort-Postkarte vorliegt und denjenigen, die noch zum Antworten bereit wären, sollte der Fragebogen noch einmal zugeschickt werden, wenn er nicht mehr vorläge.

3.4 Die Datenerhebung

3.4.1 Die Grundgesamtheit

Die der Untersuchung zugrunde liegende Population besteht aus allen in den Bezirken Hohenschönhausen und Lichtenberg niedergelassenen Ärztinnen und Ärzten der Fachgruppen Allgemeinmedizin (einschließlich Praktische Ärztinnen und Ärzte), Gynäkologie/Geburtshilfe und Innere Medizin. Eine Zusammenstellung der Grundgesamtheit erfolgte auf der Basis von Ärztelisten der Plan- und Leitstellen der beiden Bezirksämter, die durch Angaben der Publikation "Die Medizin in Berlin" und durch das aktuelle Branchenbuch in gedruckter Form und aus dem Internet überprüft und ergänzt wurden und ist, gegliedert nach den Untergruppen "Fachgebiet" und "Geschlecht", in der Tabelle dargestellt.

		Hohenschön-hausen		Lichtenberg		Gesamt	
Allgemeinmedizin	Weiblich	35	50	56	77	91	127
	Männlich	15		21		36	
Gynäkologie/ Geburtshilfe	Weiblich	13	19	17	25	30	44
	Männlich	6		8		14	
Innere Medizin	Weiblich	14	27	24	42	38	69
	Männlich	13		18		31	
Gesamt		96		144		240	

Tabelle 1: Grundgesamtheit (N=240)

3.4.2 Die Stichprobe

Die Gruppe der Ärztinnen und Ärzte gilt teilweise als skeptisch Befragungen gegenüber, wobei Mangel an Zeit und Bedenken aus Gründen der Schweigepflicht eine Rolle spielen. Gerade bei dem Thema "Häusliche Gewalt", das noch immer stark tabuisiert ist, kommen derartige Bedenken besonders zum Tragen. Nach eigenen Erfahrungen konnte eine größere Teilnahmebereitschaft erwartet werden, wenn der telefonische Kontakt durch eine Person mit ähnlichem professionellen Hintergrund, am besten durch eine Ärztin oder einen Arzt, hergestellt würde. Da die Bezirksämter entsprechende personelle Ressourcen nicht zur Verfügung stellen konnten, konnte bei dem veränderten Procedere die anfangs geplante Vollerhebung nicht durchgeführt werden.

Die Stichprobe sollte mindestens die Hälfte der niedergelassenen Ärztinnen und Ärzte der beiden Bezirke umfassen, die drei Fachgruppen und die beiden Geschlechter sollten entsprechend ihrem Anteil an der Grundgesamtheit vertreten sein und die einzelnen Gruppen sollten mindestens sechs Personen enthalten. Diese Mindestgröße wurde gewählt, um die Anforderungen des Datenschutzes – eine Identifizierung der einzelnen Personen muss ausreichend erschwert sein – zu erfüllen und um quantitative Analysen zu ermöglichen. Aufgrund der kleinen Gesamtzahl wurden alle männlichen Gynäkologen beider Bezirke in die Stichprobe einbezogen, bei den übrigen Gruppen wurde nach dem Halbieren der Anzahl auf die nächste ganze Zahl aufgerundet. So erhält man insgesamt eine Stichprobengröße von 130 Ärztinnen und Ärzten.

Für jeden Bezirk wurde eine durchlaufend numerierte alphabetische Liste erstellt, getrennt nach Fachgruppen und nach Geschlechtern. Danach wurden zufällig mit Hilfe eines Würfels für jede Gruppe entweder die Personen mit geraden oder ungeraden Nummern ausgewählt.

3.4.3 Telefonische Anfrage der Teilnahmebereitschaft

Im Mai 1999 wurden die ausgewählten Ärztinnen und Ärzte telefonisch befragt, ob sie bereit wären, einen Fragebogen zum Thema "Häusliche Gewalt" auszufüllen. Sie wurden ausdrücklich darauf hingewiesen, dass auch diejenigen, die wenig mit der Problematik zu tun hätten, einen sinnvollen Beitrag zur Untersuchung leisten könnten. Es gab 18 Ausfälle durch Urlaub, Krankheit oder Rente, für die jeweils eine andere Person aus der gleichen Gruppe nachgezogen wurde (vgl. 3.6, Schaubild Nr. 2). Wurde eine Person nach fünf Anrufen nicht erreicht oder war die Teilnahmebereitschaft in der Gruppe sehr gering, wurde ebenfalls nachgezogen, um möglichst sechs Fragebogen in der Gruppe zu verschicken.

Es waren insgesamt 89 Ärztinnen und Ärzte bereit, an der Befragung teilzunehmen, davon 43 in Hohenschönhausen und 46 in Lichtenberg.

Diese erhielten wenige Tage nach ihrer telefonischer Zustimmung den Fragebogen, das Anschreiben, einen frei gestempelten Rückumschlag ohne Absenderangabe und eine Rückantwort-Postkarte mit Absenderangabe zur Rücklaufkontrolle und zum Nachfassen zugeschickt.

3.5 Analyse der Ablehnungsgründe für die Teilnahme an der Befragung

Bei der telefonischen Anfrage wurde angestrebt, möglichst mit den Ärztinnen und Ärzten selbst zu sprechen, um durch eine genauere Erläuterung der Zielsetzung die Teilnahmebereitschaft zu erhöhen. In einigen Fällen war nur der Kontakt zur Sprechstundenhelferin möglich, was zur Folge hatte, dass auch die Ablehnungsgründe nicht genauer bezeichnet werden konnten.

Die Zusammensetzung der Nettostichprobe bezüglich Fachgebiet, Geschlecht und Bezirk ist aus der folgenden Tabelle ersichtlich.

		Hohenschön-hausen		Lichtenberg		Gesamt	
Allgemeinmedizin	Weiblich	15	25	27	39	32	64
	Männlich	10		12		22	
Gynäkologie/ Geburtshilfe	Weiblich	7	12	7	13	14	25
	Männlich	5		6		11	
Innere Medizin	Weiblich	7	16	15	25	22	41
	Männlich	9		10		19	
Gesamt		53		77		130	

Tabelle 2: Stichprobe (n=130)

Sie spiegelt erwartungsgemäß die Grundgesamtheit recht gut wieder, die Männer sind im Verhältnis zur Anzahl ihrer Niederlassungen etwas überrepräsentiert, insbesondere bei den Gynäkologen, da aufgrund ihrer geringen Gesamtzahl in den beiden Bezirken nicht wie bei den anderen Gruppen nur die Hälfte, sondern alle in die Stichprobe mit einbezogen wurden.

In Hohenschönhausen konnten 53 Ärztinnen und Ärzte erreicht werden, von denen 43 der Teilnahme zustimmten und 10 ablehnten, in Lichtenberg wurden 77 Personen erreicht, 46 stimmten zu und 31 lehnten ab. Von denen, die teilnehmen wollten, waren insgesamt 54 weiblich und 35 männlich, unter den Ablehnenden waren 24 weiblich und 17 männlich. Die Tabellen zeigen die Verteilungen nach Bezirk, Geschlecht und Fachgruppen.

	Ja	Nein	Gesamt
Hohenschönhausen	43	10	53
Lichtenberg	46	31	77
Gesamt	89	41	130

Tabelle 3: Stichprobe nach Bezirken

	Ja	Nein	Gesamt
Weiblich	54	24	78
Männlich	35	17	52
Gesamt	89	41	130

Tabelle 4: Stichprobe nach Geschlecht

	Ja	Nein	Gesamt
Allgemeinmedizin	47	17	64
Gynäkologie	21	4	25
Innere Medizin	21	20	41
Gesamt	89	41	130

Tabelle 5: Stichprobe nach Fachgebieten

Vergleicht man die Teilnahmebereitschaft einzelner Gruppen, fällt zunächst der wesentlich größere Anteil an Zusagen in Hohenschönhausen und die große Zahl an Ablehnungen in Lichtenberg auf, was auch statistisch signifikant ist (p=0,0099). Zwischen den Geschlechtern sind keine Unterschiede im Teilnahmeverhalten erkennbar, der höhere Anteil an teilnehmenden Frauen entspricht ihrem höheren Anteil an der Grundgesamtheit. Bei den Fachgruppen zeigt sich eine signifikant höhere Ablehnung in der Gruppe der Internistinnen und Internisten (p=0,0102).

Die Ablehnungsgründe wurden während des kurzen Telefonates protokolliert und wie folgt kategorisiert:

- Zeitmangel

- Keine Fälle von häuslicher Gewalt in der Sprechstunde und somit keine Relevanz des Problems in der Praxis

- Höhere Spezialisierung, daher häufig Patientinnen mit spezifischen Fragestellungen (z.B. Ultraschalluntersuchung, Herzuntersuchung). Diese Kategorie stellt eine Differenzierung der vorherigen dar, sie wurde aber auffallend häufig gesondert vorgebracht wurde.

- Kein Interesse an der Befragung

- Kein persönlicher Kontakt zu Ärztin oder Arzt, sondern nur zur Sprechstundenhelferin, daher keine genaueren Aussagen möglich

- Fragebogen werden grundsätzlich nicht beantwortet

- Möchte keine Aussage dazu machen

Jeder ablehnenden Person wurde der Ablehnungsgrund zugeordnet, der nach Einschätzung der Untersucherin während des Telefonates im Vordergrund stand. Die Häufigkeiten werden im folgenden Schaubild dargestellt.

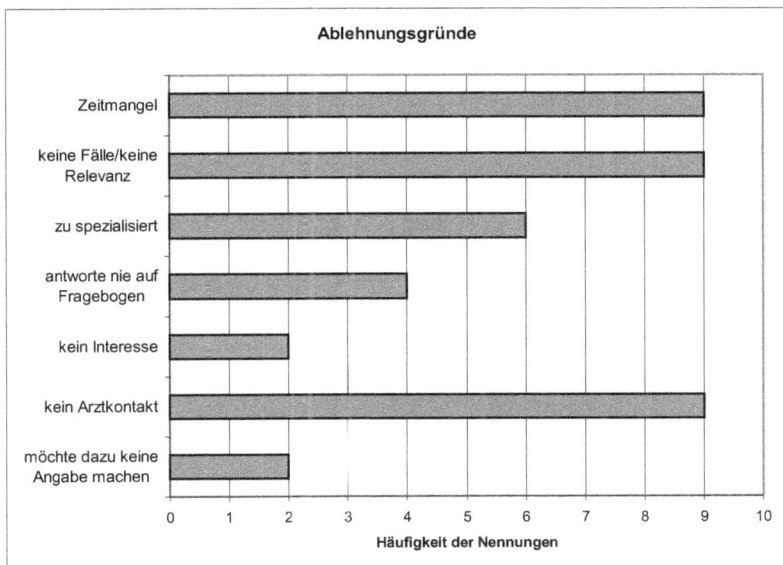

Ablehnungsgründe

Schaubild 1: Ablehnungsgründe Einfachauswahl (n=41)

Nimmt man von den Kategorien, die eine Aussage in Bezug auf das Thema zulassen, die Kategorien "keine Fälle/keine Relevanz" und "zu spezialisiert" zusammen, so stellen sie den größten Anteil an Ablehnungsgründen. Das heißt, ein großer Teil der Ärztinnen und Ärzte, die nicht an der Befragung teilgenommen haben, hat keine oder kaum Fälle häuslicher Gewalt in der

Praxis oder nimmt sie nicht wahr. Diejenigen, die primär zur Teilnahme bereit waren, könnten andererseits das Problem in höherem Ausmaß in ihrer
Praxis haben bzw. wahrnehmen und sie stellen somit eine selektierte Gruppe dar. Wie erwartet ist auch Zeitmangel einer der Hauptgründe, nicht an
der Befragung teilzunehmen.

3.6 Response-Rate und realisierte Stichprobe

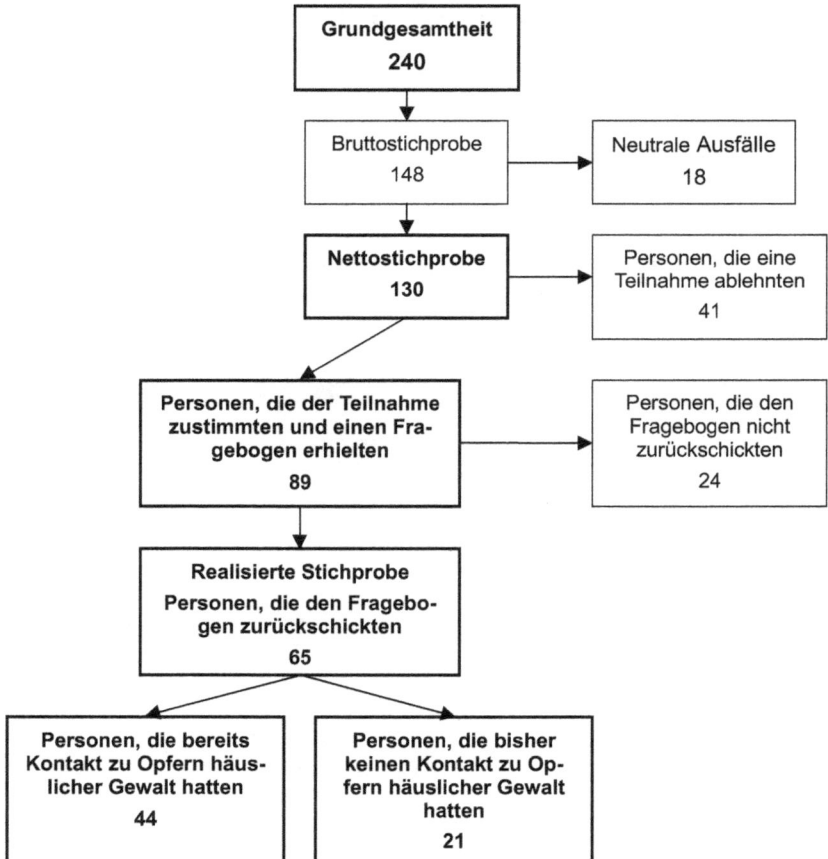

```
                    ┌─────────────────────────┐
                    │   Grundgesamtheit        │
                    │        240               │
                    └─────────────────────────┘
                                 │
                                 ▼
              ┌──────────────────────┐        ┌──────────────────────┐
              │  Bruttostichprobe    │───────▶│  Neutrale Ausfälle   │
              │        148           │        │         18           │
              └──────────────────────┘        └──────────────────────┘
                                 │
                                 ▼
              ┌──────────────────────┐        ┌──────────────────────┐
              │  Nettostichprobe     │───────▶│  Personen, die eine  │
              │        130           │        │  Teilnahme ablehnten │
              └──────────────────────┘        │         41           │
                                 │            └──────────────────────┘
                                 ▼
        ┌────────────────────────────────┐   ┌──────────────────────┐
        │ Personen, die der Teilnahme     │──▶│  Personen, die den   │
        │ zustimmten und einen Fra-       │   │  Fragebogen nicht    │
        │ gebogen erhielten               │   │  zurückschickten     │
        │          89                     │   │         24           │
        └────────────────────────────────┘   └──────────────────────┘
                                 │
                                 ▼
        ┌────────────────────────────────┐
        │   Realisierte Stichprobe        │
        │ Personen, die den Fragebo-      │
        │ gen zurückschickten             │
        │          65                     │
        └────────────────────────────────┘
                      │           │
          ┌───────────┘           └───────────┐
          ▼                                    ▼
┌────────────────────────┐         ┌────────────────────────┐
│ Personen, die bereits   │        │ Personen, die bisher    │
│ Kontakt zu Opfern häus- │        │ keinen Kontakt zu Op-   │
│ licher Gewalt hatten    │        │ fern häuslicher Gewalt  │
│          44             │        │ hatten                  │
└────────────────────────┘        │          21             │
                                   └────────────────────────┘
```

Schaubild 2: Verhältnis von Grundgesamtheit und Stichprobe

Von den 89 verschickten Fragebogen wurden 65 zurückgesandt, teilweise nach telefonischem Nachfassen, das entspricht einer Rücklaufquote von 73%, bezogen auf die Nettostichprobe (n=130) beträgt die Ausschöpfung 50%.

In Hohenschönhausen war die Response-Rate bezogen auf die verschickten Fragebogen 81,4% (35 von 43 Fragebogen), in Lichtenberg 65,2% (30 von 46 Fragebogen), bezogen auf die Nettostichprobe 66% in Hohenschönhausen und 39% in Lichtenberg. Insgesamt antworteten 39 Frauen und 24 Männer, zwei Personen machten keine Angaben zum Geschlecht. Es antworteten 33 Allgemeinmedizinerinnen und Allgemeinmediziner, 15 Gynäkologinnen und Gynäkologen sowie 15 Internistinnen und Internisten, eine Person gab "Sonstige Fachgebiete" an und eine Person machte keine Angaben zum Fachgebiet.

3.6.1 Zusammensetzung der realisierten Stichprobe

Die Tabellen zeigen die Zusammensetzung der realisierten Stichprobe nach Bezirk, Geschlecht, Fachgebiet, Altersgruppe und Praxisgröße.[2]

	Allgemein-medizin	Gynäkologie/ Geburtshilfe	Innere Medizin	Gesamt
Hohenschön-hausen	18	8	7	33
Lichtenberg	15	7	8	30
Gesamt	33	15	15	63

Tabelle 6: Realisierte Stichprobe nach Bezirk und Fachgebiet

	Allgemein-medizin	Gynäkologie/ Geburtshilfe	Innere Medizin	Gesamt
Weiblich	21	9	8	38
Männlich	11	6	7	24
Gesamt	32	15	15	62

Tabelle 7: Realisierte Stichprobe nach Geschlecht und Fachgebiet

---

[2] Fehlende Häufigkeiten zur Gesamtzahl von 65 kommen jeweils durch unterschiedliche fehlende Angaben bzw. durch die Angabe von "Sonstige Fachgebiete" zustande, die in der Aufstellung nicht berücksichtigt wurden.

	Weiblich	Männlich	Gesamt
Hohenschönhausen	20	14	34
Lichtenberg	19	10	29
Gesamt	39	24	63

Tabelle 8: Realisierte Stichprobe nach Geschlecht und Bezirk

	Unter 45 Jahre	45 Jahre und älter	Gesamt
Hohenschönhausen	17	17	34
Lichtenberg	10	20	30
Gesamt	27	37	64

Tabelle 9: Realisierte Stichprobe nach Bezirk und Alter

	Unter 1000 Scheine	Über 1000 Scheine	Gesamt
Hohenschönhausen	18	14	32
Lichtenberg	18	12	30
Gesamt	36	26	62

Tabelle 10: Realisierte Stichprobe nach Bezirk und Praxisgröße

3.7 Auswertung

Die Daten wurden mit dem Statistikprogramm SPSS für Windows (Superior Performing Software Systems) ausgewertet. Dabei entspricht jedes Item, das heißt, jeder Unterpunkt einer Frage, einer Variablen. Jede Antwortmöglichkeit sowie fehlende Angaben (missings) wurden numerisch codiert und die Variablen mit ihren Codierungen in einem Codeplan festgelegt. Die Antworten der offenen Fragen wurden kategorisiert und ebenfalls numerisch codiert. Fehler bei der Eingabe wurden durch die doppelte Dateneingabe ausgeschlossen.

Um auch von denen, die nicht teilnahmen, noch eine gewisse Aussage zum Thema zu erhalten und um den Grad der Selektion innerhalb der realisierten Stichprobe abzuschätzen, erfolgte eine Analyse der Ablehnungsgründe.

Die Antworten der eigentlichen Befragung wurden durch Darstellung der Häufigkeiten der Variablenausprägungen beschrieben. Die Antworten wurden in Bezug gesetzt zu Bezirk, Geschlecht, Fachgebiet, Alter und Praxis-größe und soweit es sinnvoll erschien in Bezug zueinander. Dies geschah mit Hilfe von Kreuztabellen, aus denen mit dem Chi-Quadrat-Test und bei kleinen Zelleninhalten (erwartete Häufigkeit < 5) mit dem exakten Test nach Fisher errechnet wurde, ob Unterschiede zwischen den Gruppen signifikant sind. Die Kategorien der mehrstufigen Skalen wurden dazu teilweise zu-sammengefasst.

Ergebnisse werden als signifikant bezeichnet, wenn p<=0,05, als sehr signifikant, wenn p<=0,01 und als höchst signifikant, wenn p<=0,001 (Bühl 1995, S. 97). Da es sich hier nicht um das Testen von Hypothesen mit a priori festgelegtem Signifikanzniveau handelt, sind die Signifikanzen nicht im strengen Sinne als statistische Nachweise zu betrachten. Es sollen viel-mehr durch die Untersuchung explorativ-deskriptiv Aussagen über die Per-sonengruppe der niedergelassenen Ärztinnen und Ärzte bezüglich der oben beschriebenen Themenkomplexe getroffen und Hinweise auf Unterschiede und Gemeinsamkeiten der einzelnen Untergruppen der Befragten heraus-gearbeitet werden.

4. Ergebnisse

4.1 Wahrnehmung von Opfern häuslicher Gewalt

4.1.1 Kontakt zu Opfern häuslicher Gewalt in der Praxis

Von den 65 Befragten beantworteten 44 Personen (67,7%) die Frage, ob sie in ihrer Praxis bisher Kontakt zu Opfern häuslicher Gewalt hatten mit "ja", 21 Personen (32 3%) mit "nein".

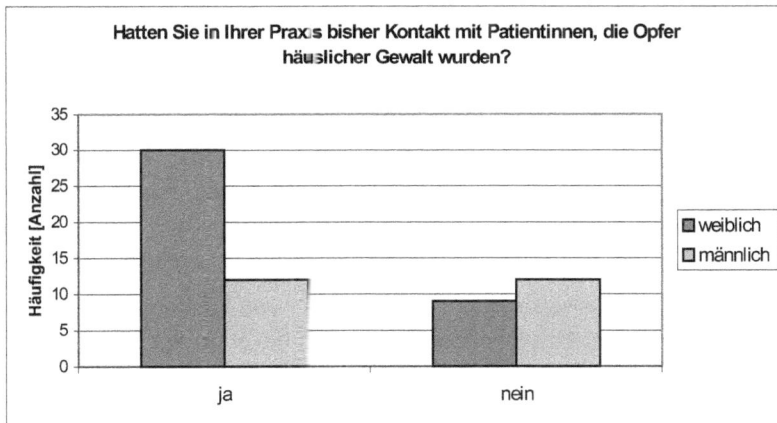

Schaubild 3: Kontakt zu Opfern häuslicher Gewalt nach Geschlecht (n=65)

Signifikante Unterschiede (p=0,0277) zeigten sich im Antwortverhalten zwischen Frauen und Männern, wobei Männer weniger Kontakt zu Opfern häuslicher Gewalt angaben als Frauen. Ein sehr signifikanter Unterschied (p=0,0088) bestand zwischen den Altersgruppen: Ärztinnen und Ärzte unter 45 Jahren berichteten deutlich häufiger über Kontakt zu betroffenen Frauen als ältere.

Bei den Fachgruppen war der Anteil derer, die die Eingangsfrage mit "ja" beantwortet hatten, mit 8⁻8% bei den Allgemeinärztinnen und Allgemeinärzten signifikant höher (p=0,0192; Fisher) als bei den Internistinnen und Internisten, die nur zu 43,7% Kontakt zu Opfern häuslicher Gewalt angegeben hatten.

Zwischen den Bezirken und bezogen auf die Praxisgröße gab es keine signifikanten Unterschiede.

4.1.2 Anzahl wahrgenommener Fälle häuslicher Gewalt

Die folgenden Fragen nach der geschätzten Anzahl von vermuteten und aufgedeckten Fällen häuslicher Gewalt sowie die Frage nach wahrgenommenen Formen von Gewalt waren nur von denjenigen zu beantworten, die in ihrer Praxis bereits Kontakt zu betroffenen Frauen hatten.

Diese 44 Personen gaben insgesamt 167 Fälle an, bei denen sie wussten, dass die Frauen Opfer häuslicher Gewalt waren und 354 Fälle, bei denen sie es vermuteten. Die Ärztinnen und Ärzte hatten im Durchschnitt (arithmetisches Mittel) vier sicher betroffenen Frauen behandelt und zusätzlich acht Frauen bei denen sie es vermuteten. Der Median (Zentralwert) war bei den bekannten Fällen 3, der Modus (häufigster Wert) 2, bei den vermuteten Fällen war der Median 5 und der Modus 10. Die Spanne lag bei den bekannten Fällen zwischen null und 20 (Range=20), bei den vermuteten Fällen zwischen null und 70 (Range=70). Es handelt sich demnach um eine linkssteile Verteilung, das heißt, die meisten Ärztinnen und Ärzte nahmen wenige Fälle wahr und nur wenige berichteten über eine größere Anzahl.

Insgesamt gab es also in Hohenschönhausen und Lichtenberg im letzten Jahr 521 Fälle, bei denen häusliche Gewalt bekannt war oder vermutet wurde. Einige Frauen wurden möglicherweise mehrfach gezählt, nämlich dann, wenn sie bei verschiedenen Ärztinnen oder Ärzten behandelt wurden und als misshandelt auffielen.

Anzahl bekannter Fälle häuslicher Gewalt

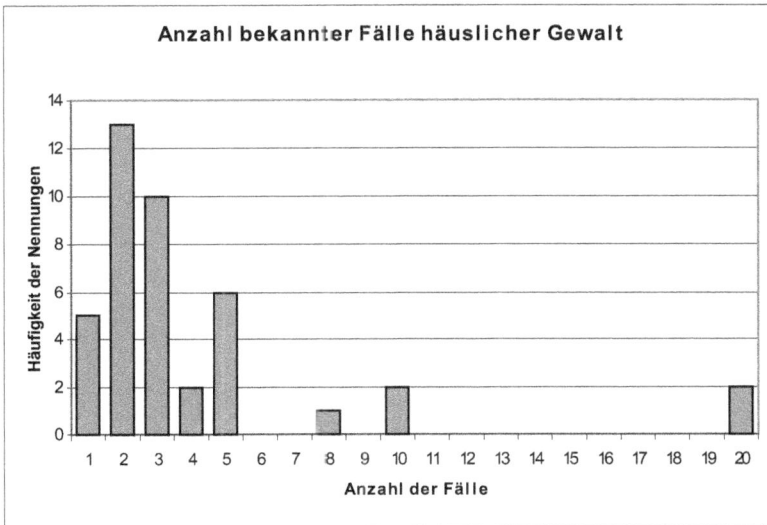

Schaubild 4: Anzahl bekannter Fälle häuslicher Gewalt (n=44)

Anzahl vermuteter Fälle häuslicher Gewalt

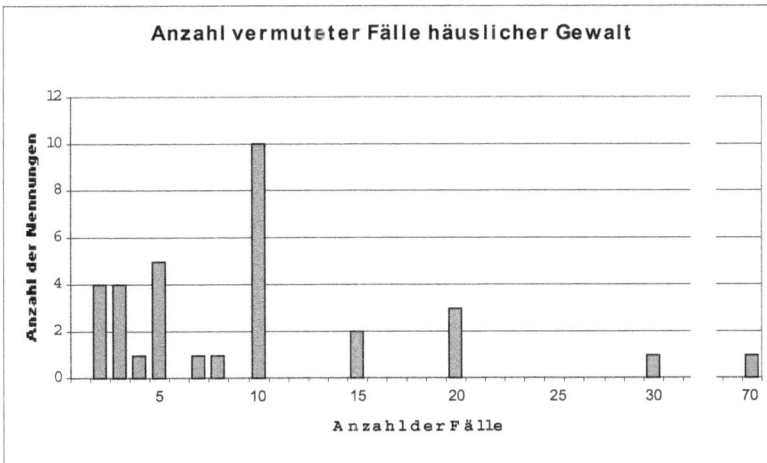

Schaubild 5: Anzahl vermuteter Fälle häuslicher Gewalt (n=44)

Entsprechend dem jeweiligen Median wurden die bekannten, die vermuteten und alle Fallzahlen zusammen in die beiden Kategorien "wenige Fälle" und "mehr Fälle" eingeteilt.[3]

Signifikante Unterschiede ergaben sich zwischen den Altersgruppen bei den Fällen, in denen häusliche Gewalt vermutet wurde (p=0,0182), und bei allen Fällen zusammen (p=0,0234). Die älteren Ärztinnen und Ärzte vermuten demnach seltener als die jüngeren das Vorliegen häuslicher Gewalt.

Bei den Bezirken zeigte sich eine leichte Tendenz zu einer größeren Wahrnehmung in Hohenschönhausen, die aber nicht signifikant war. Zwischen den Geschlechtern, den Fachgruppen und den Praxisgrößen gab es keine wesentlichen Unterschiede.

4.1.3 Wahrnehmung der Formen von Gewalt

Körperliche Gewalt nahmen die Ärztinnen und Ärzte mit 95,5% der Befragten (n=44) am häufigsten bei ihren von häuslicher Gewalt betroffenen Patientinnen wahr, gefolgt von psychischer Gewalt (81,8%). Ökonomische Gewalt (43,1%), sexuelle Gewalt (31,8%) und soziale Gewalt (18,2%) wurden seltener genannt (Mehrfachantworten waren möglich). In der offenen Rubrik wurde von zwei Personen auf den Zusammenhang von Alkohol bzw. Alkoholmissbrauch und Gewalt hingewiesen.

Die Tabelle zeigt die am häufigsten genannten Formen von Gewalt im Einzelnen und die am häufigsten genannten Kombinationen (n=44).

Formen von Gewalt (Mehrfachnennungen möglich)	Anzahl der Nennungen	Prozent
Körperliche Gewalt	42	95,5%
Psychische Gewalt	36	81,8%
Ökonomische Gewalt	15	34,1%
Sexuelle Gewalt	14	31,8%
Soziale Gewalt	8	18,2%

---

[3]   In der Gruppe der Fälle, bei denen die Ärztinnen und Ärzte wussten, dass eine Misshandlung vorlag, wurden 0 bis 2 als "wenige Fälle", 3 bis 20 als "mehr Fälle", bei den vermuteten Fällen wurden 0 bis 5 als "wenige Fälle" und 6 bis 70 als "mehr Fälle" und bei allen Fällen zusammen wurden 0 bis 7 als "wenige Fälle" und 8 bis 90 als "mehr Fälle" klassifiziert.

Körperliche und psychische Gewalt	36	81,8%
Körperliche und ökonomische Gewalt	15	34,1%
Körperliche und sexuelle Gewalt	13	29,5%
Körperliche, psychische und ökonomische Gewalt	15	34,1%
Körperliche, sexuelle und psychische Gewalt		
	12	27,3%

Tabelle 11: Häufigkeit der wahrgenommenen Formen von Gewalt

Körperliche Gewalt wird im Allgemeinen am ehesten als solche wahrgenommen, zumal wenn Verletzungen sichtbar sind, und so erscheint es nicht ungewöhnlich, dass diese Form der Gewalt am häufigsten bei den Patientinnen beobachtet wurde. Psychische Gewalt wurde von den meisten im Zusammenhang mit körperlicher Misshandlung gesehen. Auffällig ist, dass die Ärztinnen und Ärzte sich relativ selten mit sexueller Gewalt konfrontiert sahen und dass selbst ökonomische Gewalt noch häufiger genannt wurde. Auch bei denen, die mehrere Formen von Gewalt bei ihren Patientinnen wahrnahmen, rangierten Kombinationen von körperlicher Gewalt mit ökonomischer Gewalt noch vor denen mit sexueller Gewalt.

Signifikante Unterschiede ergaben sich zwischen den Geschlechtern in der Wahrnehmung sexueller Gewalt; so gab nur ein männlicher Arzt (9,1%) an, mit sexueller Gewalt konfrontiert gewesen zu sein, während die übrigen zehn Männer (90,9%) angaben, bisher nicht mit sexueller Gewalt bei ihren Patientinnen konfrontiert gewesen zu sein (p=0,0405). Gynäkologinnen und Gynäkologen nahmen mit 66,7% signifikant häufiger sexuelle Gewalt wahr als Ärztinnen und Ärzte anderer Fachgruppen, die nur in 24,2% der Fälle mit sexueller Gewalt konfrontiert waren (p=0,0407; Fisher). Eine Tendenz zeigte sich zwischen den Altersgruppen insofern, als jüngere Ärztinnen und Ärzte sexuelle Gewalt mit 43,5% häufiger angaben als ältere mit nur 21,1% ihrer Altersgruppe.

Sexuelle Gewalt wurde auch signifikant häufiger von denen genannt, die "mehr Fälle" von Gewalt in ihrer Praxis vermuteten (p=0,0124) und sehr signifikant häufiger von denen die Informationsmaterial in ihrer Praxis hatten (p=0,0066).

Körperliche und psychische Gewalt wurde in allen Gruppen gleichermaßen wahrgenommen, soziale Gewalt wurde von den Ärztinnen und Ärzten in

Lichtenberg etwas häufiger genannt. Insgesamt zeigte sich bei den Männern ein Trend, weniger Formen von Gewalt wahrzunehmen als die Frauen.

Sehr signifikante Zusammenhänge bestanden zwischen der Anzahl der vermuteten Fälle betroffener Frauen und der Wahrnehmung von psychischer und von ökonomischer Gewalt. So sahen sich die Personen, die "mehr Fälle" in ihrer Praxis vermuteten dabei häufiger mit psychischer Gewalt (p=0,0101) und mit ökonomischer Gewalt (p=0,005) konfrontiert.

4.2 Symptome

Die offene Frage nach Symptomen, die auf eine Misshandlung hindeuten könnten, sollte von allen Ärztinnen und Ärzten beantwortet werden (n=65). Die Antworten waren teilweise sehr ausführlich und es wurde ein breites Spektrum an möglichen körperlichen und psychischen Symptomen angegeben. Die Vielfalt der angegebenen Störungen wurde in 16 Kategorien eingeteilt, die für die Erstellung von Kreuztabellen wiederum in die drei Gruppen "Körperliche Symptome", "Psychische Symptome" und "Psychosomatische Syndrome" zusammengefasst wurden. Im folgenden Schaubild werden die Häufigkeiten der Nennungen der einzelnen Kategorien dargestellt.

Symptome

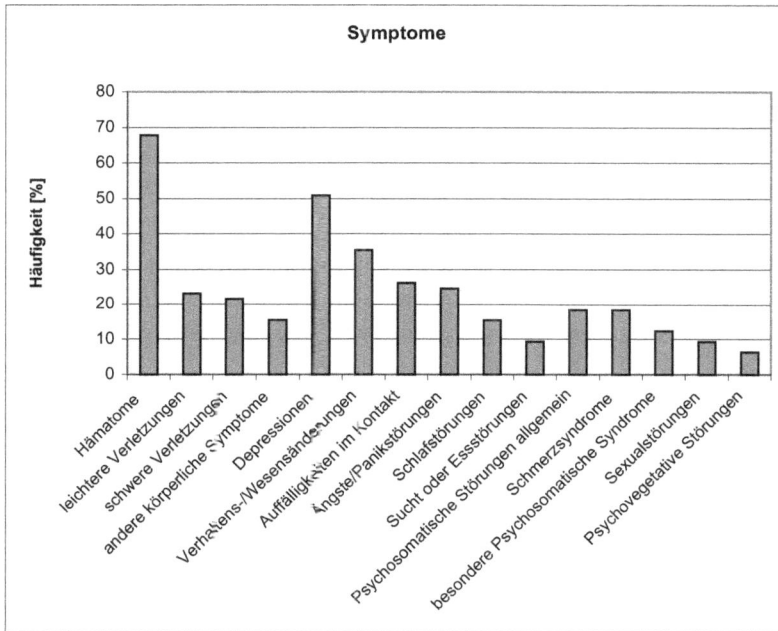

Schaubild 6: Symptome als Hinweise auf häusliche Gewalt (n=65, Mehrfachnennungen möglich)

4.2.1 Körperliche Symptome

Körperliche Symptome wurden von insgesamt 81,5% aller Befragten (n=65) angegeben, am häufigsten in Form von Hämatomen (Blutergüssen). Teilweise wurden diese genauer beschrieben mit Hinweisen wie "multiple Hämatome", "Hämatome, die mit einem Unfallgeschehen nicht plausibel erklärbar sind", "Unterbauch Symphysenbereich, Innenseite Oberschenkel", "im Gesicht" oder "an typischer Stelle".

Andere leichtere Verletzungen wurden in 23,1% der Fälle genannt, darunter Prellungen, Kontusionen (Quetschungen), Schwellungen, Kratz-, Schürf- und Platzwunden.

Schwere körperliche Verletzungen wie Frakturen (Knochenbrüche), Genitalverletzungen, ausgeschlagene Zähne, Blutungen, Würgemale und eine Schussverletzung wurden von 21,5% der Befragten angegeben.

15,4% der Ärztinnen und Ärzte notierten nicht nach dem Schweregrad klassifizierbare Verletzungen oder andere körperliche Symptome wie zum Beispiel eine Chlamydieninfektion (sexuell übertragbare Infektion) bei jungen Mädchen.

4.2.2 Psychische Störungen

Insgesamt 83,1% der Befragten werteten psychische Störungen wie Ängste, Depressionen, Schlafstörungen, Verhaltens- oder Wesensveränderungen, Auffälligkeiten im Kontakt, Essstörungen oder Suchtverhalten als Hinweis auf häusliche Gewalt.

Als Verhaltens- oder Wesensveränderungen wurden Unruhe, Zerfahrenheit, fehlendes Selbstbewusstsein, Verstörtheit, Agitiertheit, Affektlabilität, Unentschlossenheit oder Persönlichkeitsveränderungen im Allgemeinen aufgeführt.

Störungen im Kontakt äußerten sich in vielen Fällen in Verschlossenheit, abweisendem Verhalten, dem Ausweichen vor gezielten Fragen, verharmlosenden Erklärungen oder einem auffälligen Redeschwall.

Im Zusammenhang mit Suchtverhalten wurde in erster Linie Alkoholmissbrauch genannt, vereinzelt auch Nikotin- oder Tablettenabhängigkeit. Auffälligkeiten im Essverhalten oder beim Gewicht wurden ebenfalls vereinzelt aufgeführt und eine Person gab Suizidgedanken an.

Psychische Störungen (Mehrfachnennungen möglich)	Anzahl der Nennungen	Prozent
Depressionen/depressive Verstimmungen	33	50,8%
Verhaltens- und Wesensveränderungen	23	35,4%
Auffälligkeiten im Kontakt	17	26,2%
Ängste, Panikstörungen oder Phobien	16	24,6%
Schlafstörungen	10	15,4%
Suchtverhalten oder Essstörungen	6	9,2%
Psychische Störungen allgemein	2	3,1%

Tabelle 12: Häufigkeit psychischer Störungen als Hinweis auf häusliche Gewalt (n=65)

4.2.3 Psychosomatische Reaktionen

Als Hinweis auf Gewalt in der Familie wurden von 46,2% der Befragten psychosomatische und psychovegetative Syndrome gewertet. Nahezu alle erdenklichen körperlichen Symptome ohne krankhaften Organbefund wurden hier genannt. Psychosomatische Beschwerden im Allgemeinen oder häufig wechselnde Krankheitsbilder wurden von 18,5% der Befragten angegeben, Schmerzsyndrome w e Kopf-, Rücken- oder Bauchschmerzen ebenfalls von 18,5%, organbezcgene Symptome wie Herzrasen, Atemnot, therapieresistenter Reizhusten oder Beschwerden des Magen-Darm-Traktes von 12,3%.

Sexualstörungen wie Libidover ust und Anorgasmie sowie Störungen der Regelblutung (Dysmenorrhoe, Menorrhagien) oder vaginalen Fluor (Ausfluss) nannten 9,2% der Befragten.

Beim Vergleich der Untergruppen ergaben sich keine signifikanten Unterschiede in den Angaben von Symptomen zwischen denen, die bereits Kontakt zu Opfern häuslicher Gewalt hatten und den übrigen Befragten. Lediglich bei Ängsten und Pan kstörungen zeigte sich eine deutliche, aber noch nicht signifikante Tendenz (p=0,0510) dahingehend, dass diejenigen, die bereits Kontakt zu betroffenen Frauen hatten, mit 31,8% sie häufiger anführten als mit 9,5% diejenigen, die bisher keinen Kontakt hatten.

93,3% der Befragten in Lichte⁻berg gaben psychische Störungen an gegenüber 74,3% in Hohenschcnhausen (p=0,0412). Suchtverhalten und Essstörungen wurden als mögl che Hinweise auf häusliche Gewalt nur in Lichtenberg aufgeführt (p=0,00⁻2, n=65).

61,5% der Ärztinnen gegenüber 25% der Ärzte nannten psychosomatische Beschwerden als Hinweis auf Misshandlungen in der Familie (p=0,0048) und insbesondere Schmerzsyndrome wurden von den Ärztinnen häufiger (p=0,0216) als Hinweis auf Misshandlung durch Partner oder Ehemann gedeutet (n=63).[4]

Psychosomatische Beschwerden wurden auch von jüngeren Befragten mit 66,7% sehr signifikant häufiger (p=0,0067) aufgeführt als von älteren (32,4%), während Depressionen mit 64,9% signifikant häufiger (p=0,0127) von älteren genannt wurden als von jüngeren (33,3%, n=64).

33,3% der Gynäkologinnen und Gynäkologen gaben Sexualstörungen und gynäkologische Symptome an, während nur 2,1% der Befragten anderer Fachgebiete derartige Störungen als Hinweis auf häusliche Gewalt nannten (p=0,0022). Psychische Störungen hingegen gaben sie signifikant seltener an (p=0,0488, n=63).

---

[4] Wenn n<65, kommt dies dadurch zustande, dass für die Signifikanztests, Personen mit fehlenden Angaben zu der fraglichen Variablen als "missings" nicht in die Berechnung eingeschlossen wurden.

4.3   Einschätzung eigener Möglichkeiten

4.3.1   Einschätzung der eigenen Wahrnehmung häuslicher Gewalt

Die Ärztinnen und Ärzte sollten einschätzen, in welchem Maß sie Opfer häuslicher Gewalt erkennen können. 58,5% waren der Ansicht, sie könnten sie "manchmal" erkennen, 27,7% gaben an, dies sei "häufig" der Fall und 10,7% waren der Meinung, sie könnten betroffenen Frauen "selten" oder "nie" erkennen.

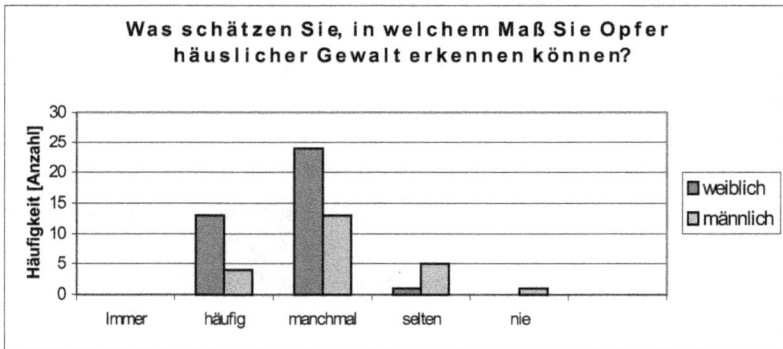

Schaubild 7: Einschätzung der eigenen Wahrnehmung nach Geschlecht (n=65)

Im Antwortverhalten gab es signifikante Unterschiede lediglich zwischen Männern und Frauen: Männer schätzten nur zu 17,4%, sie könnten Opfer häuslicher Gewalt "immer" oder "häufig" und zu 26,1%, sie könnten sie "selten" oder "nie" erkennen, während Frauen hier zu 34,2% "immer" oder "häufig" und nur zu 2,6% "selten" oder "nie" antworteten (p=0,0148). Alle anderen demographischen Gruppen schätzten das Ausmaß, in dem sie betroffene Frauen erkennen können, gleich ein.

Signifikante Unterschiede zeigten sich zwischen den Ärztinnen und Ärzten, die bereits Kontakt zu Opfern häuslicher Gewalt hatten und denen, die bisher keinen Kontakt hatten: Diejenigen, die bisher keinen Kontakt hatten, antworteten mit 28,6% sehr viel häufiger, dass sie Opfer häuslicher Gewalt "selten" oder "nie" erkennen könnten als diejenigen, die bereits Kontakt zu Opfern häuslicher Gewalt hatten (p=0,008).

4.3.2 Inwieweit sehen sich Ärztinnen und Ärzte als Ansprechpartner/ -innen für betroffene Frauen?

Die Frage, ob die Ärztinnen und Ärzte denken, sie könnten für die von häuslicher Gewalt betroffenen Patientinnen eine Ansprechpartnerin oder ein Ansprechpartner sein, wurde von fast alle Befragten (n=65) mit "ja" beantwortet (95,4%). Zwei Personen (3,1%) waren der Meinung, sie könnten kein Ansprechpartner sein und eine Person machte keine Angabe. Bei beiden Personen, die mit "nein" geantwortet hatten, handelte es sich um männliche Allgemeinmediziner aus Lichtenberg über 45 Jahre, die beide bereits Kontakt zu betroffenen Frauen gehabt hatten.

4.3.3 Einschätzung eigener Hilfsmöglichkeiten

Interessant ist in diesem Zusammenhang die Frage, in welchem Ausmaß die Ärztinnen und Ärzte schätzten, dass sie den Opfern angemessene Hilfe anbieten könnten. 29,2% der Befragten schätzten, dass sie "immer" oder "häufig" angemessene Hilfe anbieten könnten, die Mehrheit, nämlich 55,4%, antwortete mit "manchmal", 10,8% mit "selten" und niemand äußerte sich dahingehend, "nie" angemessene Hilfe anbieten zu können.

Im Antwortverhalten zeigten sich keine wesentlichen Unterschiede zwischen den Bezirken, Geschlechtern, Altersgruppen, Fachgruppen oder den Praxisgrößen. Das heißt, über alle untersuchten Gruppen, war die Einschätzung gleich, inwieweit angemessene Hilfe angeboten werden kann.

Diese Einschätzung war auch unabhängig davon, ob die Ärztinnen und Ärzte bereits Kontakt zu Opfern häuslicher Gewalt hatten oder nicht.

In welchem Ausmaß schätzen Sie, dass Sie Opfern häuslicher Gewalt angemessene Hilfe anbieten können?

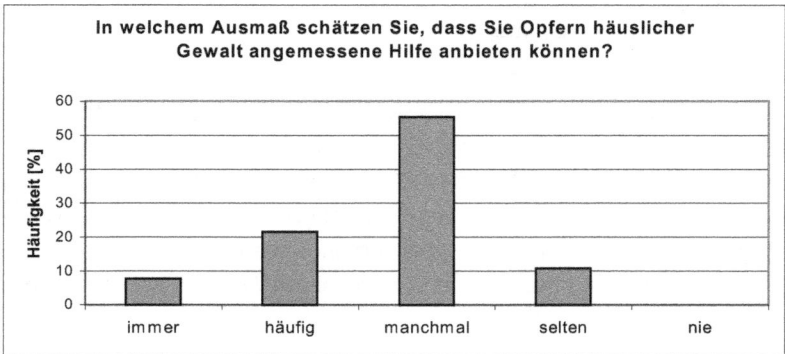

Schaubild 8: Einschätzung eigener Hilfsmöglichkeiten

4.4 Informationen

4.4.1 Fühlen sich Ärztinnen und Ärzte ausreichend informiert?

Die Frage, ob sie sich ausreichend informiert fühlten, beantworteten 61,5% der Befragten mit "nein", 35,4% antworteten "ja", die übrigen 3,1% machten keine Angaben.

Fühlen Sie sich über das Thema "Häusliche Gewalt" ausreichend informiert?

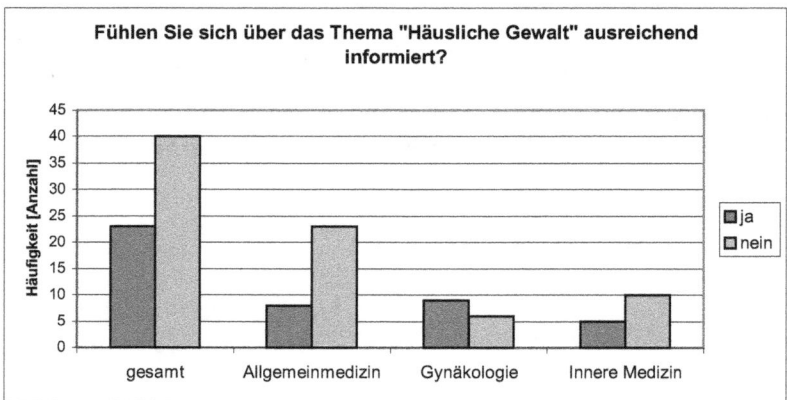

Schaubild 9: Einschätzung eigener Informiertheit

Keine Unterschiede in den Antworten gab es zwischen Bezirken, Geschlechtern, Altersgruppen und bei der Praxisgröße.

Der Anteil der Gynäkologinnen und Gynäkologen, die sich ausreichend informiert fühlten, war mit 60% signifikant höher (p=0,0262) als bei den anderen Fachgruppen. Dem gegenüber bejahten nur 25,8% der Allgemeinmedizinerinnen und Allgemeinmediziner sowie 33,3% der Internistinnen und Internisten diese Frage.

Ob sich die Ärztinnen und Ärzte ausreichend informiert fühlten, stand nicht im Zusammenhang damit, ob sie bereits Kontakt zu Opfern häuslicher Gewalt hatten, ob sie wenige oder mehr Fälle hatten oder mit wie vielen oder welchen Formen von Gewalt sie sich konfrontiert sahen.

Es zeigte sich aber ein signifikanter Zusammenhang zwischen der Einschätzung der eigenen Informiertheit und der Einschätzung, angemessen helfen zu können. Diejenigen, die sich ausreichend informiert fühlten, antworteten zu 45,5% sie könnten "immer" oder "häufig" angemessene Hilfe anbieten gegenüber 20,5% derer, die sich nicht ausreichend informiert fühlten (p=0,0403, n=61).

4.4.2 Vorhandensein von Informationsmaterial für Opfer häuslicher Gewalt

49,2% der Befragten (n=65) gaben an, in ihrer Praxis Broschüren von Notruf, Selbsthilfegruppen, Beratungsstellen oder ähnliches für Opfer häuslicher Gewalt zu haben, ebenso viele hatten kein Informationsmaterial, eine Person machte dazu keine Angabe. Zwischen den Bezirken, den Altersgruppen, den Fachgruppen und bezogen auf die Praxisgröße bestanden keine Unterschiede.

Diejenigen, die angaben, sie hätten Informationsmaterial in ihrer Praxis, hatten bereits signifikant häufiger Kontakt zu Frauen, die Opfer häuslicher Gewalt wurden (p=0,0166).

Von den Frauen hatten 55,3% Informationsmaterial, von den Männern nur 37,5%, der Unterschied war aber nicht signifikant.

Diejenigen, die Informationsmaterial für ihre Patientinnen in der Praxis hatten, fühlten sich auch selbst sehr signifikant häufiger ausreichend informiert (p=0,0029).

Außerdem gaben diejenigen, die Informationsmaterial hatten, mehr Fälle an, bei denen sie wussten oder vermuteten, dass sie Opfer häuslicher Gewalt waren (p=0,02′0).

4.4.3 Bekanntheit von Einrichtungen, die Hilfe für Opfer häuslicher Gewalt anbieten

Es wurde erfasst, ob den Ärztinnen und Ärzten die Einrichtungen "Frauenhaus/Zufluchtswohnungen", "Frauenberatungsstelle", "Krisennotdienst" und "Familienberatung" in Berlin bekannt sind, außerdem konnten sonstige Einrichtungen angegeben werden, die Anlaufstellen für von Gewalt betroffene Frauen sein können. Die Rangfolge der Bekanntheit und der Anteil derer, die die Einrichtungen kannten, werden in der Tabelle angegeben.

Einrichtungen (Mehrfachnennungen möglich)	Anzahl der Nennungen	Prozent
Familienberatung	54	83,1%
Frauenhaus/Zufluchtswohnungen	47	72,3%
Frauenberatung	38	58,5%
Krisennotdienst	34	52,3%
Sonstige	2	3,1%

Tabelle 13: Bekanntheit der Einrichtungen (n=65)

Alle genannten Einrichtungen waren mehr als der Hälfte der Befragten bekannt, wobei "Familienberatung" und "Frauenhaus" mit Abstand den meisten bekannt waren.

Als "sonstige" Einrichtungen wurden die Telefonseelsorge, der Sozialpsychiatrische Dienst und der Jugendpsychiatrische Dienst genannt (Mehrfachangaben möglich).

3,1% der Befragten kannten keine der Einrichtungen, 7,7% eine, 35,4% zwei, 27,7% drei und 26,2% alle vier Einrichtungen, das heißt, die meisten (89,2%) kannten zwei oder mehr der angegebenen Einrichtungen.

92,9% der Gynäkologinnen und Gynäkologen und 83,9% der Allgemeinmedizinerinnen und Allgemeinmediziner kannten die Einrichtung "Frauenhaus/Zufluchtswohnungen" im Vergleich zu nur 53,8% der Internistinnen und Internisten, die diese Einrichtung somit signifikant seltener (p=0,0183; Fisher) kannten. Die Frauenberatung war mit einem Anteil von 80,6% in Hohenschönhausen weit bekannter als in Lichtenberg, wo sie nur 54,2% der dort Befragten kannten (p=0,0351), wesentliche Unterschiede im Bekanntheitsgrad der übrigen Einrichtungen waren zwischen den untersuchten demographischen Gruppen nicht nachweisbar.

Die Frauenberatung war denen signifikant häufiger (p=0,0436) bekannt, die "mehr Fälle" in ihrer Praxis hatten, bei denen sie wussten, dass die Frauen von häuslicher Gewalt betroffen waren, als denen mit "wenigen Fällen" und von denjenigen, die "mehr Fälle" vermuteten, kannten 73,7% mehr als zwei der genannten Einrichtungen[5] gegenüber 36% derer, die häusliche Gewalt in "wenigen Fällen" vermuteten (p=0,0132).

Diejenigen, die Informationsmaterial für Patientinnen in ihrer Praxis hatten, kannten häufiger die Einrichtungen "Frauenhaus" (p=0,0135) und "Krisennotdienst" (p=0,0466) und sehr signifikant häufiger (p=0,0057) "viele Einrichtungen", die Hilfe für misshandelte Frauen anbieten gegenüber denjenigen, die kein Informationsmaterial hatten. Die Personen, die das Frauenhaus (p=0,0088) kannten und diejenigen, die "viele Einrichtungen" kannten (p=0,0262) fühlten sich umgekehrt auch häufiger ausreichend informiert. Sie waren mit 44,1% auch häufiger der Meinung, dass sie den Frauen "immer" oder "häufig" angemessene Hilfe anbieten könnten als mit 14,3% diejenigen, die "wenige Einrichtungen" kannten (p=0,0112, n=62).

Zwischen denen, die bereits Kontakt zu Opfern häuslicher Gewalt hatten und denen, die dies verneinten, gab es keine wesentlichen Unterschiede was die Bekanntheit der erfragten Einrichtungen betraf.

4.5 Maßnahmen und Dokumentation

Die Fragen zu Maßnahmen und Dokumentation waren nur von denen zu beantworten, die die Eingangsfrage nach Kontakt zu Opfern häuslicher Gewalt bejaht hatten. Da es sich hierbei lediglich um 44 Personen handelte und fehlende Angaben teilweise zu noch geringeren Fallzahlen führten, sind die Möglichkeiten quantitativer Aussagen eingeschränkt.

4.5.1 Ansprechen häuslicher Gewalt

68,2% der Ärztinnen und Ärzte fragten ihre Patientinnen "immer" oder "häufig" direkt, ob Verletzungen oder Beschwerden, die sie feststellten, von Gewalttätigkeiten durch den Partner oder Ehemann herrührten, wenn sie den Verdacht hatten.

---

[5] Für die Gruppenvergleiche wurden entsprechend dem Median keine bis zwei Einrichtungen als "wenige Einrichtungen" und mehr als zwei Einrichtungen als "viele Einrichtungen" klassifiziert.

Fragen Sie Patientinnen direkt, ob Verletzungen oder
Beschwerden von Gewalttätigkeiten durch den Partner
herrühren?

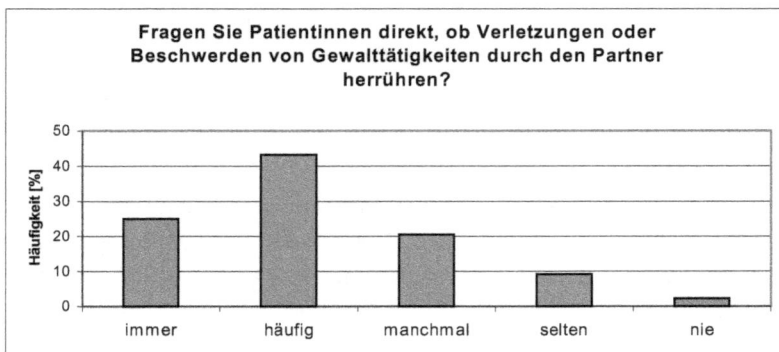

Schaubild 10: Direktes Ansprechen häuslicher Gewalt

Das heißt, wenn häusliche Gewalt erst einmal vermutet wurde, bestand auch eine eindeutige Tendenz, die Patientinnen darauf anzusprechen. Diese Antworten stimmen insofern mit den Aussagen dazu überein, dass die Ärztinnen und Ärzte sich in dieser Situation als Ansprechpartner/-innen für die Frauen sahen.

Es zeigte sich zwar eine gewisse Tendenz dahingehend, dass diejenigen, die der Meinung waren, den Frauen angemessene Hilfe anbieten zu können, eher dazu neigten, die vermutete häusliche Gewalt auch anzusprechen; aufgrund der kleinen Fallzahlen konnten Unterschiede aber nicht nachgewiesen werden.

Die Beantwortung der Frage war im Wesentlichen unabhängig von Praxisort, Geschlecht, Alter, Fachgebiet und Praxisgröße und es fanden sich auch keine Zusammenhänge mit der Beantwortung anderer Fragen, wie zum Beispiel der Anzahl der bekannten oder vermuteten Fälle.

4.5.2 Hindernisse für das Ansprechen häuslicher Gewalt

Die in den Items vorgeschlagenen Hinderungsgründe waren breit gestreut und bezogen sich auf das Verhalten der Ärztinnen und Ärzte selbst, auf die Patientinnen sowie auf die Praxissituation.

Überwiegende Zustimmung ("trifft ganz zu" oder "trifft weitgehend zu") fanden die Aussagen, "Ob ich das Problem anspreche, hängt davon ab, wie gut ich die Frau kenne" (66,7%, n=39)[6], "Ob ich das Problem anspreche,

---

[6]   Wenn n<44, ist dies dadurch bedingt, dass für die Signifikanztests Personen mit fehlenden Angaben zu den fraglichen Variablen als "missings" nicht in die Berechnung eingingen.

hängt davon ab, wie sicher ich bin, dass die Frau misshandelt wurde"
(61,5%, n=39) und "Ich habe das Problem schon öfter angesprochen, aber
die Frauen ändern nichts an ihrer Situation" (60%, n=40).

Bei dem Item "Ob ich das Problem anspreche, hängt davon ab wie gut ich
die Frau kenne" zeigte sich ein signifikanter Zusammenhang mit der Praxisgröße: Befragte mit größeren Praxen antworteten zu 93,8% mit "trifft
ganz zu" oder "trifft weitgehend zu", Befragte mit kleineren Praxen nur zu
43,8% (p=0,0023, n=35).

Alle Gynäkologinnen und Gynäkologen beantworteten diese Frage mit "trifft
ganz zu" oder "trifft weitgehenc zu", während dieser Anteil bei den Allgemeinärztinnen und Allgemeinärzten bei 65,2% und bei den Internistinnen
und Internisten nur bei 57,1% lag. Eine Signifikanz konnte wegen der kleinen Fallzahlen nicht gezeigt werden (n=37).

Niedergelassene in Hohenschönhausen antworteten mit 84,2% häufiger,
dass das Ansprechen häuslicher Gewalt davon abhängt, wie gut sie die
Frau kennen, während nur 55,6% der in Lichtenberg Ansässigen dem zustimmten. Dieses Ergebnis war mit p=0,0566 noch nicht signifikant (n=38).

76,9% der Frauen gaben den Umstand, dass die Frauen nichts an ihrer
Situation ändern als Hindernis für ein Ansprechen der Problematik an, während nur 33,3% der Männer dieser Aussage zustimmten (p=0,0378; Fisher,
n=35).

Dass das Ansprechen häuslicher Gewalt davon abhängt wie schwerwie-
gend die Symptome sind, fanden 48,7% der Befragten ganz oder weitgehend zutreffend, 2,6% antworteten "weder/noch" und 46,1% fanden diese
Aussage eher nicht oder gar nicht zutreffend (n=39).

Die Tatsache, dass die Patientin nicht alleine in der Praxis ist, sahen 46,2%
als Hindernis für ein Ansprechen häuslicher Gewalt, während 51,3% dies
eher nicht oder gar nicht zutreffend fanden (n=39).

Die Aussage "Ich würde das Thema ansprechen, wenn ich helfen könnte"
hielten 41% für ganz oder weitgehend zutreffend, weitere 41% hielten sie
für eher nicht oder gar nicht zutreffend. Die Übrigen antworteten mit "we-
der/noch" (15,4%) oder mit "weiß nicht (2,6%) (n=39).

Die Items "Ich möchte mich nicht in Privatangelegenheiten einmischen",
"Ich möchte nicht über meine Möglichkeiten in die Angelegenheit involviert
werden", "Ich habe zu wenig Zeit in der Sprechstunde" und "Ich kann mir

ein längeres Gespräch mit der Patientin nicht leisten, weil es nicht angemessen honoriert wird" wurden ganz überwiegend abgelehnt. Diese Ablehnung war völlig unabhängig von Bezirk, Geschlecht, Alter, Fachgebiet und Praxisgröße und es zeigten sich auch keine Zusammenhänge zu anderen Fragen.

Item	Trifft ganz/ weitgehend zu	Trifft eher/ gar nicht zu	Fallzahl (n)
Ich kann mir ein längeres Gespräch nicht leisten, weil es nicht angemessen honoriert wird.	10,3%	84,6%	39
Ich möchte nicht über meine Möglichkeiten hinaus involviert werden.	7,9%	84,2%	38
Ich möchte mich nicht in Privatangelegenheiten einmischen.	10,3%	77,0%	39
Ich habe zu wenig Zeit während der Sprechstunde.	12,8%	76,9%	39

Tabelle 14: Hindernisse für das Ansprechen häuslicher Gewalt

Bei der Bewertung von Sprachproblemen und kulturellen Unterschieden waren die Antworten gleichmäßiger über die Kategorien verteilt.

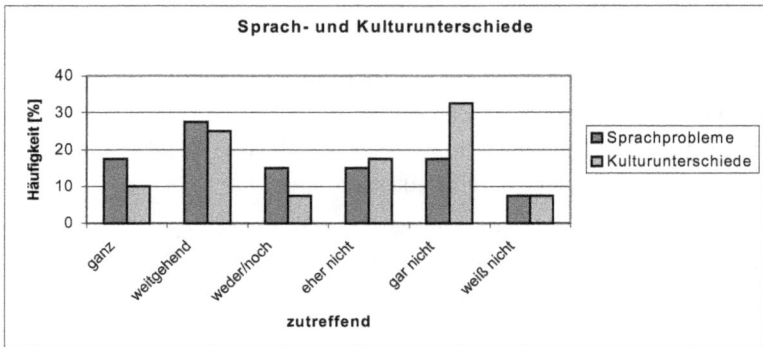

Schaubild 11: Hindernisse für das Ansprechen häuslicher Gewalt (n=40)

Dass Sprachprobleme ein Hindernis beim Ansprechen häuslicher Gewalt sind, hielten 45% der Befragten für ganz oder weitgehend zutreffend, während 32,5% dies für eher nicht oder gar nicht zutreffend hielten. In den Tendenz wurde diesem Item also eher zugestimmt. Die Aussage, kulturelle Unterschiede behinderten ein Gespräch über das Thema, wurde hingegen von 50% der Befragten abgelehnt, und nur 35% stimmten dem eher zu.

4.5.3 Hindernisse für das Erkennen häuslicher Gewalt

Hier sollten die Ärztinnen und Ärzte angeben wie häufig Faktoren, die im Verhalten der Patientin liegen, das Erkennen häuslicher Gewalt behindern.

84,1% der Befragten (n=44) gaben an, dass die Frau "immer" (15,9%) oder "häufig" (68,2%) nicht als Opfer häuslicher Gewalt erkannt werden möchte, weil sie sich schämt. Bei den Internistinnen und Internisten wurde im Vergleich zu den anderen Fachgruppen sehr signifikant häufiger (p=0,0037) die Ansicht vertreten, dass die Scham der Frauen "selten" ein Hindernis für das Erkennen der Gewaltproblematik ist.

72,1% der Befragten (n=43) hielten den Umstand, dass die Frau die Ursache ihrer Verletzung nicht von sich aus anspricht, "immer" (9,3%) oder "häufig" (62,8%) für ein Hindernis.

69,8% sahen in der Furcht der Frauen vor weiterer Gewalt einen Grund dafür, dass sie "immer" (4,7%) oder "häufig" (69,8%) nicht als Opfer häuslicher Gewalt erkannt werden wollten (n=43).

Dass die Frau abstreitet, sie sei misshandelt worden, wurde weit seltener als Hindernis für ein Erkennen häuslicher Gewalt genannt. Die meisten sahen dies zwar "manchmal" (62,8%) als Hinderungsgrund an, 20,9% der Befragten (n=43) waren aber der Meinung, dass dieses Verhalten der Frau "selten" (18,6%) oder "nie" (2,3%) dazu führte, dass eine Misshandlung durch Partner oder Ehemann nicht erkannt wurde. Demgegenüber gaben nur 14% an, dies sei "immer" oder "häufig" der Fall.

Das Antwortverhalten war zu diesem Thema insgesamt über alle demographischen Gruppen sehr gleichmäßig verteilt und es gab auch keine wesentlichen Zusammenhänge mit der Beantwortung anderer Fragen, wie zum Beispiel nach der Anzahl der bekannten oder vermuteten Fälle oder nach Informationen.

4.5.4 Was tun die Ärztinnen und Ärzte und wohin vermitteln sie die Frauen vorwiegend?

Der erste Themenblock bezog sich darauf, was die Ärztinnen und Ärzte konkret in der Sprechstunde tun, wenn sie wissen oder vermuten, dass die Patientin Opfer häuslicher Gewalt ist.

97,7% der Befragten (n=44) gaben an, dass sie die Patientin "immer" (79,5%) oder "häufig" (18,2%) besonders gründlich untersuchten, die restlichen 2,3% führten zumindest manchmal eine besonders gründliche Untersuchung durch und fast alle (97,7%) behandelten Symptome und Verletzungen.

93% fragten die betroffenen Frauen "immer" (65,1%) oder "häufig" (27,9%) nach ihrer häuslichen Situation, 4,7% "manchmal" und nur 2,3% "selten" (n=43).

38,1% gaben ihren Patientinnen "immer" (21,4%) oder "häufig" (16,7%) Informationsmaterial über Hilfsangebote mit, während eine Mehrheit von 47,6% dies "selten" (23,8%) oder "nie" (23,8%) tat (n=42). Gynäkologinnen und Gynäkologen gaben mit 83,3% häufiger Informationsmaterial mit als andere Ärztinnen und Ärzte anderer Fachgruppen (Allgemeinmedizin 39,1%, Innere Medizin 33,3%), wobei aufgrund der kleinen Fallzahlen eine Signifikanz nicht nachweisbar war.

Es bestand allerdings kein Zusammenhang zwischen dem Mitgeben und dem Vorhandensein von Informationsmaterial in der Praxis.

Informationsmaterial gaben sehr signifikant häufiger diejenigen ihren Patientinnen mit, die "viele Fälle" vermuteten (p=0,0087), und signifikant häufiger diejenigen, die mit sexueller Gewalt konfrontiert waren (p=0,0335; Fisher), sowie diejenigen, die "viele Einrichtungen" kannten (p=0,0442).

Die Antworten auf die Fragen danach, wohin die Ärztinnen und Ärzte die Patientinnen überweisen oder welche Empfehlungen sie ihnen geben, sind natürlich sehr stark abhängig von der jeweiligen Problemlage, was vereinzelt in den Fragebogen auch angemerkt wurde.

Psychotherapie hielten die meisten Ärztinnen und Ärzte "manchmal" (41,5%) für die geeignete Maßnahme. 19,5% der Befragten (n=41) überwiesen die Frauen "immer" oder "häufig" zur Psychotherapie, während 39,1% dies "selten" oder "nie" taten (n=41).

Im Falle schwerwiegender Verletzungen wurden die Patientinnen von 75% der Befragten (n=40) "immer" oder "häufig" ins Krankenhaus eingewiesen, von 10% "manchmal", von 10% "selten" und von 5% "nie".

Bei Verletzungen, die einen Krankenhausaufenthalt nicht unbedingt erforderlich machten, antwortete niemand mit "immer" oder "häufig", 13,6% mit "manchmal", 33,3% mit "selten" und 52,4% mit "nie". Die folgende Tabelle zeigt, welche Empfehlungen die Ärztinnen und Ärzte ihren Patientinnen gaben, wenn sie wussten oder vermuteten, dass sie von ihrem Partner oder Ehemann misshandelt wurden.

Item	immer/ häufig	manch- mal	selten/ nie	Fallzahl (n)
Ich empfehle ihr, die Polizei einzuschalten.	58,1%	23,3%	17,6%	43
Ich empfehle ihr, eine Partner-/ Familienberatung aufzusuchen.	55,8%	32,6%	11,6%	43
Ich empfehle ihr, eine Rechtsberatung aufzusuchen.	35,7%	42,9%	21,4%	42
Ich vermittle sie an ein Frauenhaus.	21,0%	39,5%	39,5%	43
Ich vermittle sie an einen Krisennotdienst.	17,1%	36,6%	46,3%	41

Tabelle 15: Empfehlungen der Befragten bei häuslicher Gewalt.

Mit 58,2% wurde den Patientinnen am häufigsten empfohlen, die Polizei einzuschalten, gefolgt von dem Rat, eine Partner- oder Familienberatung aufzusuchen (55,8%). Deutliche Unterschiede gab es hier im Antwortverhalten zwischen Männern und Frauen. Während 87% der Ärztinnen den betroffenen Frauen "immer" oder "häufig" empfahlen, die Polizei zu benachrichtigen, empfahlen dies nur 44,4% der Ärzte p=0,0233).

Eine Partner-oder Familienberatung aufzusuchen empfahlen Ärztinnen sogar zu 90,5% "immer" oder "häufig", während Ärzte diese Empfehlung nur zu 57,1% "immer" oder "häufig" gaben. Eine Signifikanz war hier bei den kleinen Fallzahlen jedoch nicht nachweisbar.

35,7% der Befragten empfahlen misshandelten Frauen, eine Rechtsberatung aufzusuchen, wobei dieser Rat den Frauen in größeren Praxen gegeben wurde als in kleineren Praxen (p=0,0306).

Von 21% der Ärztinnen und Ärzte waren misshandelte Frauen "immer" oder "häufig" in ein Frauenhaus vermittelt worden, und zwar deutlich häufiger von denen, die sexuelle Gewalt wahrgenommen hatten im Vergleich zu denen, die sich nicht mit sexueller Gewalt konfrontiert sahen (p=0,0097).

88,9% der Männer gegenüber 46,7% der Frauen hatten angegeben, dass sie die betroffenen Frauen "selten" oder "nie" ins Frauenhaus vermittelten. Trotz der kleinen Fallzahlen, war dieses Ergebnis im exakten Test nach Fisher bereits signifikant (p=0,0481). Der Zusammenhang zwischen, das Frauenhaus kennen und Frauen auch dorthin zu vermitteln war bei der kleinen Fallzahl nicht signifikant, es zeigte sich aber eine Tendenz dahingehend.

An einen Krisennotdienst vermittelten nur 17,1% der Befragten die betroffenen Frauen "immer" oder "häufig" gegenüber 46,3%, die dies "selten" oder "nie" taten. Hier zeigte sich auch der erwartete signifikante Zusammenhang mit dem Kennen des Krisennotdienst es (p=0,0201).

4.5.5 Dokumentation

Von besonderer Bedeutung war auch die Frage, inwieweit das Vorliegen oder der Verdacht auf Misshandlungen von den Niedergelassenen dokumentiert wurde.

97,7% der Befragten (n=43) gaben an, die Symptome "immer" besonders detailliert zu dokumentieren, die übrigen Personen beschrieben sie zumindest "manchmal" besonders detailliert.

Was die Patientin über die Ursachen ihrer Verletzungen erzählte, notierten 93% "immer" und weitere 4,5% "häufig" in der Karteikarte, nur eine Person (2,3%) gab an, dies "nie" zu tun (n=43).

Die Tabelle zeigt das Dokumentationsverhalten der Ärztinnen und Ärzte.

Item	immer/ häufig	selten/nie	Fallzahl (n)
Ich notiere in der Karteikarte, dass die Patientin misshandelt wurde, wenn ich es sicher weiß.	85,7%	7,1%	42
Ich notiere den Verdacht, dass die Patientin misshandelt wurde, auch wenn ich es nur vermute.	65,1%	16,3%	43
Ich notiere den Verdacht dass die Patientin misshandelt wurde, auch wenn sie es selbst leugnet oder eine andere Erklärung für die Symptome gibt.	62,8%	20,9%	43

Tabelle 16: Dokumentation bei häuslicher Gewalt

Dass die Patientin misshandelt wurde, dokumentierten 85,7% der Ärztinnen und Ärzte "immer" oder "häufig", wenn sie es sicher wussten, während nur 7,1% dies "selten" oder "nie" taten. Wenn sie häusliche Gewalt vermuteten, vermerkten fast zwei Drittel der Befragten diesen Verdacht "immer" oder "häufig" in ihren Akten. Wenn die Frau eine Misshandlung durch den Ehemann leugnete oder eine andere Erklärung für ihre Verletzungen gab, wurde der Verdacht auf eine Misshandlung trotzdem von einer Mehrheit von

62,8% der Befragten "immer" oder "häufig" und von weiteren 16,3% zumindest "manchmal" in der Karteikarte festgehalten.

Die Symptome und die Angaben der Patientin über die Verletzungsursache wurden von allen Ärztinnen und Ärzten gleichermaßen häufig dokumentiert. Auch die Tatsache, dass eine Misshandlung durch Partner oder Ehemann vorlag, wurde in der Regel in der Karteikarte vermerkt, wenn die Befragten es sicher wussten.

Wenn die Misshandlung lediglich vermutet oder gar von der Patientin geleugnet wurde, ließen sich Unterschiede oder zumindest Tendenzen zwischen den verschiedenen Gruppen nachweisen.

Signifikante Unterschiede zeigten sich zwischen den Altersgruppen: während 100% der Ärztinnen und Ärzte unter 45 Jahre die Vermutung einer Misshandlung "immer" oder "häufig" notierten, vermerkten dies nur 66,7% der älteren Befragten (p=0,0198, n=34).

Internistinnen und Internisten dokumentierten signifikant häufiger als die anderen Fachgruppen den Verdacht auf eine Misshandlung "immer" oder "häufig", wenn sie diese vermuteten (p=0,439, Fisher; n=42) und notierten es auch dann, wenn die Patientin leugnete oder eine andere Erklärung für ihre Verletzungen gab (p=0,0382, Fisher, n=42).

90,9% der befragten Frauen notierten die Vermutung einer Misshandlung "immer" oder "häufig" gegenüber 63,6% der Männer, diese Tendenz war aber nicht signifikant (n=33). Wenn die Misshandlung geleugnet wurde, vermerkten dies 88,2% der Niedergelassenen in Lichtenberg, aber nur 63,2% in Hohenschönhausen, allerdings war auch dieses Ergebnis nicht signifikant (n=36).

4.6 Verbesserungsvorschläge

Die Verbesserungsvorschläge wurden in einer halboffenen und in einer offenen Frage erfasst. In der halboffenen Frage sollten die vorgegebenen Items auf einer 5-stufigen Skala nach ihrer Wichtigkeit bewertet werden. Die Verteilung war bei allen Antworten linkssteil, das heißt, alle Vorschläge wurden eher als wichtig, denn als unwichtig eingestuft.

Betrachtet man die Häufigkeiten der Antworten "sehr wichtig" und "eher wichtig", ergibt sich folgende Rangfolge:

1. Behandlung des Themas "Häusliche Gewalt" bereits im Medizinstudium (83,1%)

2. Bessere Vernetzung von Hilfsangeboten (75,4%)

3. Bessere Schulung anderer Berufsgruppen/Behörden (73,8%)

4. Schriftliches Informationsmaterial zum Erkennen und zum Umgang mit Opfern häuslicher Gewalt (72,3%)

5. Fortbildungsveranstaltungen zum Erkennen und zum Umgang mit Opfern häuslicher Gewalt (60%)

6. Bessere Honorierung von Gesprächen mit Opfern häuslicher Gewalt (52,3%)

7. Eigene Abrechnungsziffer für Gespräche mit Opfern häuslicher Gewalt (50,8%)

8. Ärztliche Gesprächszirkel (36,9%)

Als besonders wichtig wurde von den Befragten also eine frühzeitige Information zum Thema bereits im Medizinstudium, eine bessere Vernetzung der Hilfsangebote und schriftliches Informationsmaterial für Ärztinnen und Ärzte zum Umgang mit den betroffenen Patientinnen eingeschätzt. Mit einem größeren Abstand (60%) wurden dann erst Fortbildungsveranstaltungen genannt und immerhin 12,3% der Befragten hielten diese für "eher unwichtig". Honorierung und eigene Abrechnungsziffer wurden nur von jeweils etwa der Hälfte der Befragten als "sehr wichtig" oder "eher wichtig" angesehen. Als "eher unwichtig" zur Verbesserung der Versorgung betroffener Frauen wurden ärztliche Gesprächszirkel eingeschätzt, nur 36,9% hielten sie für "sehr wichtig" oder "eher wichtig" während 29,2% sie für "eher unwichtig" oder "völlig unwichtig" hielten.

Hier zeigte sich allerdings ein deutlicher Unterschied im Antwortverhalten zwischen den Geschlechtern: 70,8% der Ärztinnen hielten Gesprächszirkel für "sehr wichtig" oder "eher wichtig" gegenüber 35,3% ihrer männlichen Kollegen (p=0,0239).

Schriftliches Informationsmaterial wurde signifikant häufiger (p=0,0173; Fisher) als "sehr wichtig" oder "eher wichtig" zur Verbesserung der Hilfsmöglichkeiten von denen eingeschätzt, die keines in ihrer Praxis haben.

Im übrigen waren die Antworte⁻ auf alle demographischen Gruppen relativ gleichmäßig verteilt und es zeigten sich keine wesentlichen Zusammenhänge mit der Beantwortung anderer Fragen.

In zwei offenen Frager hatten cie Ärztinnen und Ärzte die Gelegenheit Verbesserungsvorschläge im Bezirk und Anmerkungen zum Thema oder zum Fragebogen zu machen. Da die Antworten sich in der ersten Frage nicht nur auf den Bezirk bezogen und in der zweiten Frage weitere Verbesserungsvorschläge, die teilweise auch den Bezirk betreffen aufgeführt wurden, wurden die beider Fragen gemeinsam ausgewertet.

Aus den verschiedenen Verbesserungsvorschlägen wurden zur Quantifizierung sechs Kategorien gebildet: "Informationsmaterial", "Aufklärung/Öffentlichkeitsarbeit", "Erreichbarkeit von Einrichtungen", "Gesellschaftliche Veränderungen", "Rechtliche Aspekte" und "Andere Vorschläge". Ihre Häufigkeiten werden in der folgenden Tabelle dargestellt.

Verbesserungsvorschläge (Mehrfachnennungen möglich)	Anzahl der Nennungen	Prozent
Informationsmaterial	20	30,8%
Aufklärung/Öffentlichkeitsarbeit	7	10,8%
Erreichbarkeit von Einrichtungen	6	9,2%
Gesellschaftliche Veränderungen	6	9,2%
Rechtliche Aspekte	5	7,7%
Andere Vorschläge	8	12,3%

Tabelle 17: Verbesserungsvorschläge (n=65)

Das Informationsmaterial sollte in erster Linie für die betroffenen Frauen erstellt und an gut zugänglichen Stellen, zum Beispiel auch in den Arztpraxen, ausgelegt werden. Es sollten Informationen über die Medien verbreitet und auch an Stellen angebracht werden, an denen die Frauen sie anonym und unbemerkt lesen könnten, wie zum Beispiel in Fahrstühlen, Treppenhäusern, Verbrauchermärkten oder in öffentlichen Toiletten, oder sie sollten über Postwurfsendungen direkt an die Haushalte verteilt werden. Es wurde vorgeschlagen, dass die Informationen eher aus kurz gefassten Handzetteln als aus langen, ausführlichen Broschüren bestehen sollten, "...die sowieso keines der Opfer liest".

Für Ärztinnen und Ärzte könnten die Informationen über das Bezirksamt, die Berufsgenossenschaft, die Wohlfahrtspflege oder über das Institut für Arbeitsmedizin und Sozialmedizin bekannt gegeben werden.

Aufklärung und Öffentlichkeitsarbeit sollte ebenfalls hauptsächlich die Betroffenen über Hilfsangebote informieren, seltener wurden Informationen über das Thema "Häusliche Gewalt" allgemein gefordert, einzelne notierten, es sollte bereits in den Schulen und in der Jugendarbeit mit der Aufklärung begonnen werden.

Mehrfach wurde genannt, dass es mehr Kontakt- und Beratungsstellen geben sollte und dass diese besser erreichbar sein müssten. Vor allem die eingeschränkte Erreichbarkeit nachts und am Wochenende wurde kritisiert, es sollte eine Telefonbereitschaft rund um die Uhr zur Verfügung stehen.

Die Einrichtungen müssten für die Befragten "griffbereit" sein, damit "nicht im Notfall erst umständlich Telefonnummern herausgesucht werden" müssten. Das Bezirksamt sollte den Ärztinnen und Ärzten Informationen über Ansprechpartner und Telefonnummern von zuständigen Personen direkt zuschicken und mehrmals wurde der Wunsch geäußert, die Ansprechpartner sollten persönlich bekannt sein.

Zu gesellschaftlichen Veränderungen wurde von mehreren Befragten ein Abbau von Arbeitslosigkeit und sozialer Ungleichheit sowie die Bekämpfung von Armut gefordert und der Zusammenhang mit Alkoholabhängigkeit wurde einige Male erwähnt. Eine Verbesserung der Stadtbezirke im Allgemeinen und das Angebot von Alternativen im Bezirk wie "Freizeitclub" und "Sportgruppen", "...um frustrierte Menschen zu beschäftigen", wurden als Verbesserungsvorschläge zum Abbau von Beziehungsgewalt genannt. Ganz allgemein wurde angemerkt: "das gesellschaftliche Klima muss stimmen".

Unter rechtlichen Aspekten nannten die Befragten im Einzelnen eine "gesetzliche Handhabe bei der Feststellung häuslicher Gewalt durch dritte", eine "rechtliche Handhabe gegen Gewalttäter", "Strafe für die Männer" und "Aufklärung in Rechtsfragen". Darüber, inwieweit die Ärztin oder der Arzt zur Anzeige berechtigt oder gar verpflichtet ist, wurde Unsicherheit geäußert.

Andere Vorschläge waren Verbesserungen bei anderen Berufsgruppen, insbesondere wurden ausgeführt, "primär behandelnde Rettungsstellen von KH [Krankenhäusern; Anmerkung der Verfasserin] sollten betroffene Frauen kompetenter und rücksichtsvoller behandeln", "Schulung von Polizei und Hilfskräften", "Bürokratie minimieren" und "Schulung der Ansprechpartner".

Wegen des "hohen Ausländeranteiles" in Lichtenberg wurde "eine Basisinformation zu kulturellen Verhaltensnormen der Geschlechter der häufigsten Zuzugsländer" als hilfreich angesehen.

Außerdem wurde "finanzielle Unterstützung der Frauen, die von zu Hause flüchten", "Sicherheitsangebote an Frauen, die sich schützen wollen", "Gewalttätertherapie", eine "ärztliche Schwerpunktpraxis, an die Patientinnen verwiesen werden können", "Infomaterial über spezielle Psychologen" und "Selbsthilfegruppen" vorgeschlagen.

4.7 Anmerkungen zum Thema

Die gesellschaftlichen Aspekte, die von den Ärztinnen und Ärzten hauptsächlich angemerkt wurden, sind oben bereits beschrieben. Hinzu kamen Anmerkungen wie "Gewalt gegen Frauen ist nur eine Seite. Gewalt und ihre Duldung ist das Problem. Normen setzen und durchsetzen" oder dass das Fernsehen "entscheidend zum moralisch-sittlichen Verfall der Bevölkerung" beiträgt.

Es wurden auch eher persönliche Aspekte angesprochen, wie zum Beispiel das nötige Vertrauensverhältnis zwischen Ärztin/Arzt und Patientin, die Scheu der Patientinnen sich zu offenbaren, die Notwendigkeit einer guten, fundierten psychischen und psychologischen Führung und Betreuung der Eheleute oder die fehlende Konflikt- und Beziehungsfähigkeit beider Partner, die häufig zu jung für sexuelle Beziehung und Kind seien. Außerdem wurde angemerkt, Ärzte könnten nur Einfluss nehmen auf Patientinnen, die sie aufsuchten, die meisten täter dies aber nicht, wenn die Verletzungen relativ gering sind.

Die Komplexität von Gewaltbeziehungen wurde ebenfalls angesprochen: "viele Spannungen in den Partnerbeziehungen haben wechselseitige Ursachen", "viele Probleme werden durch zunehmende Frustrationen im Alltag erst zu Konflikten." Durch "mehr Psychologie in Kindergärten und Schulen (auch ärztliche Ausbildung)" sollte "frühzeitig die Fähigkeit, den anderen auszuhalten, geschult werden".

5. Diskussion

5.1 Repräsentativität und Response

Von insgesamt 240 niedergelassenen Ärztinnen und Ärzten der Fachgebiete Allgemeinmedizin (einschließlich Praktische Ärztinnen und Ärzte),
Gynäkologie und Innere Medizin in den Ostberliner Bezirken Hohenschönhausen und Lichtenberg wurde die Hälfte randomisiert ausgewählt. Die
männlichen Gynäkologen der beiden Bezirke wurden aufgrund ihrer kleinen
Anzahl komplett in die Stichprobe einbezogen.

Es zeigte sich bereits bei der telefonischen Anfrage eine unterschiedliche
Teilnahmebereitschaft zwischen den Bezirken und den Fachgruppen. Ähnli-
che Unterschiede fanden sich dann auch bei den Rücklaufquoten. Insgesamt war die Gruppe der Niedergelassenen aus Hohenschönhausen
überrepräsentiert, Gynäkologinnen und Gynäkologen waren ebenfalls etwas überrepräsentiert und Internistinnen und Internisten unterrepräsentiert.

Bei den Ablehnungsgründen für die Teilnahme stand im Vordergrund, dass
die Ärztinnen und Ärzte äußerten, sie hätten keine Fälle häuslicher Gewalt
oder das Problem hätte keine Relevanz in ihrer Praxis, so dass bei den Re-
spondern ein Selektionsbias anzunehmen ist. Da aber fast ein Drittel der
Ärztinnen und Ärzte, die an der Befragung teilgenommen hatten, angegeben hatten, sie hätten bisher in der Praxis keinen Kontakt zu Opfern häuslicher Gewalt gehabt, waren die Befragten nicht unbedingt mehr mit
betroffenen Patientinnen konfrontiert als diejenigen, die die Teilnahme abgelehnt hatten.

Bei der Beantwortung einzelnen Fragen zeigten sich Unterschiede zwischen den Geschlechtern oder zwischen den Fachgruppen, seltener zwischen den Altersgruppen. Das Antwortverhalten der Ärztinnen und Ärzte
der beiden Bezirke war in vielen Punkten auffallend einheitlich.

Die Response-Rate war mit 50% bezogen auf die gesamte Stichprobe im
Vergleich zu anderen Ärztebefragungen recht gut. Die höhere Teilnahmebereitschaft und der bessere Rücklauf in Hohenschönhausen könnten damit
zusammenhängen, dass die Ärztinnen und Ärzte regelmäßig die Journale
der Plan- und Leitstelle Gesundheit erhalten und ihnen die befragende In-
stitution daher schon etwas bekannter war.

5.2 Wahrnehmung von Opfern häuslicher Gewalt

5.2.1 Das Ausmaß der Gewalt

Wie bereits angeführt gaben von den 65 Ärztinnen und Ärzten, die den
Fragebogen zurücksandten 32,2%, also fast ein Drittel an, sie hätten in
ihrer Praxis bisher keinen Kontakt zu Opfern häuslicher Gewalt gehabt. Die
übrigen 44 Befragten gaben für den Zeitraum eines Jahres insgesamt 167
Fälle an, bei denen sie sicher wussten, dass die Frauen von Gewalt durch
Partner oder Ehemann betroffen waren und weitere 354 Fälle, bei denen
sie es vermuteten.

Aus einer Befragung der Plan- und Leitstelle Gesundheit in Hohenschönhausen aus dem Jahre 1998 zu Gesundheit und Wohlbefinden der Frauen
im Bezirk geht hervor, dass etwa 90% der Befragten regelmäßig einen
Gynäkologen oder eine Gynäkologin aufsuchten und immerhin 64% regelmäßig in allgemeinmedizinischer Behandlung waren (Bluhm 1998). Von
den Allgemeinmedizinerinnen und Allgemeinmedizinern in Hohenschönhausen wurden in der vorliegenden Studien 75 Fälle bekannter und 176
Fälle vermuteter häuslicher Gewalt angegeben. Multipliziert man diese
Fallzahlen mit vier, da nur ein Viertel der Niedergelassenen an der Befragung teilgenommen hat, so erhält man 300 Fälle bekannter und 704 Fälle
vermuteter häuslicher Gewalt, die in allgemeinmedizinischen Praxen auffielen. Bezogen auf die 36.459 Einwohnerinnen zwischen 20 und 65 Jahren
in Hohenschönhausen, die zu 64% regelmäßig allgemeinmedizinische Praxen aufsuchen, bedeuten das, dass 1,3% der Frauen als sicher und weitere
2,1% als vermutlich von häuslicher Gewalt betroffen wahrgenommen wurden. Legt man in Lichtenberg das gleiche Inanspruchnahmeverhalten zugrunde, erhält man dort lediglich 0,6% sicher und 0,8% vermutlich
betroffene Frauen und für beide Bezirke zusammen ergeben sich 0,9% bekannte und 1,3% vermutete Fälle, also insgesamt eine Quote von 2,2% ge-
schätzter Fälle häuslicher Gewalt gegen Frauen. Der große Unterschied bei
dieser Hochrechnung zwischen den Bezirken beruht hier auf einer einzelnen Angabe sehr vieler Fälle in Hohenschönhausen, die statistisch eher als
"Ausreißer" zu betrachten ist als auf einem tatsächlichen Unterschied in der
Wahrnehmung, die auch insgesamt nicht nachweisbar war.

Im Vergleich zu den in der Literatur angegebenen 6-11,7% der Frauen, die
im Verlauf eines Jahres Gewalt durch Partner oder Ehemann erfahren und
im Zusammenhang mit der KFN-Opferbefragung sowie den Befragungen

des BMFSFJ zur Gleichberechtigung von Männern und Frauen (vgl. 2.3), kann geschlossen werden, dass auch in den untersuchten Berliner Bezirken die Prävalenz häuslicher Gewalt deutlich höher ist als 2,2% und somit die Wahrnehmung durch niedergelassene Ärztinnen und Ärzte gering.

Auch die große Anzahl der Ärztinnen und Ärzte, die nicht an der Befragung teilnehmen wollten, weil sie das Problem in ihrer Praxis nicht für relevant hielten und der relativ große Anteil derer, die bei der Befragung angaben, sie hätten bisher noch keinen Kontakt mit Opfern häuslicher Gewalt gehabt, spricht dafür, das die häusliche Gewalt gegen Frauen nicht in ihrem tatsächlichen Ausmaß wahrgenommen wird.

Diese Ergebnisse stimmen mit denen der Untersuchungen in den USA überein, wo zum Beispiel in einer Studie unter Ärztinnen und Ärzten der Primärversorgung weniger als die Hälfte der Meinung waren, häusliche Gewalt stelle ein ernsthaftes Problem unter ihren Patientinnen dar (Reid, 1997) und in einer weiteren Studie Medizinerinnen und Mediziner die Prävalenz häuslicher Gewalt bei den von ihnen behandelten Patientinnen unter einem Prozent schätzten (Sugg, 1999). In den USA werden nur schätzungsweise 7-25% der Fälle häuslicher Gewalt erkannt (ebenda) andere Veröffentlichungen sprechen davon, dass nur eine von 35 betroffenen Frauen von medizinischem Personal als Opfer häuslicher Gewalt erkannt werden (Schmuel 1998).

In der vorliegenden Untersuchung gaben Allgemeinmedizinerinnen und Allgemeinmediziner häufiger an, sie hätten bereits Kontakt zu Opfern häuslicher Gewalt gehabt als Internistinnen und Internisten, was darauf hinweisen könnte, dass eine größere Vertraulichkeit in der hausärztlichen Praxis die Möglichkeit verbessert, das Problem anzusprechen. Beim Facharztbesuch steht häufiger das rein medizinsche Problem im Vordergrund, was bereits bei der Analyse der Ablehnungsgründe für die Teilnahme an der Befragung deutlich wurde. Gerade wenn die Patientin mit einem eindeutigen Zielauftrag überwiesen wurde (wie zum Beispiel Durchführung einer Ultraschalluntersuchung), beschränken sich die Fachärzte häufig auf die Beantwortung der medizinischen Fragestellung. Die Internistinnen und Internistinnen gaben andererseits häufiger an als andere Fachgruppen, den Verdacht auf eine Misshandlung auch dann zu dokumentieren, wenn sie sich nicht sicher waren oder die Frau es sogar leugnete. Möglicherweise sprechen sie das Problem dann an, wenn eine erneute Konsultation erfolgt und sie weitere Hinweise auf eine Misshandlung erkennen.

Jüngere Ärztinnen und Ärzte zeigten eine höhere Wahrnehmung als ältere, sie scheinen dem Thema gegenüber also stärker sensibilisiert zu sein. Ein Grund könnte sein, dass sich in der jüngeren Generation ein Wandel in der Haltung häuslicher Gewalt gegenüber bemerkbar macht. Dies deckt sich auch mit den Befragungen des Bundesministeriums für Familie, Senioren, Frauen und Jugend, wonach ältere Befragte deutlich seltener angaben, man sollte selbst etwas dagegen tun, wenn man sicher weiß, dass eine Frau öfter von ihrem Mann geschlagen wird als jüngere (BMFSFJ 1996). Hier zeigt sich einerseits eine zunehmende Tendenz, Gewalt in der Familie nicht mehr nur als Privatsache anzusehen und andererseits, dass ein Recht des Mannes, das Verhalten seiner Frau mit Gewalt zu kontrollieren, von Jüngeren immer weniger anerkannt wird. Möglicherweise werden in Praxen älterer Ärztinnen und Ärzte aber auch mehr ältere Patientinnen behandelt, die entweder nicht mehr mit einem Partner zusammenleben oder aufgrund noch größerer Schamgefühle Misshandlungen durch den Ehemann eher verbergen als jüngere Patientinnen.

Auffällig war auch der größere Anteil an Ärztinnen gegenüber Ärzten, die bereits Kontakt zu Opfern häuslicher Gewalt hatten. Möglicherweise ist bei ihnen eine größere Sensibilität für das Thema vorhanden, andererseits könnten betroffene Frauen bei weiblichen Ärztinnen eher den Mut finden, das Thema anzusprechen, da Frauen als "zuständig" für den häuslichen Bereich gelten.

Zwischen den Praxisgrößen gab es keinerlei Unterschiede in der wahrgenommenen Fallzahl häuslicher Gewalt. Dies ist insofern bemerkenswert als in einer größeren Praxis die Wahrscheinlichkeit größer sein könnte, Opfer häuslicher Gewalt anzutreffen und somit ein signifikanter Unterschied zu kleineren Praxen erwartet werden könnte. Entweder meiden betroffene Frauen größere Praxen oder sie werden dort ebenso wenig wahrgenommen wie in kleineren Praxen.

5.2.2 Wahrnehmung der Formen von Gewalt

Körperliche Gewalt nahmen mit 95,5% die meisten der Befragten bei ihren betroffenen Patientinnen wahr, gefolgt von psychischer Gewalt (81,8%), die häufig mit einer körperlichen Misshandlung einhergeht.

Auffällig ist die geringe Wahrnehmung sexueller Gewalt in allen Gruppen von Befragten. Von den 44 Befragten, die bereits Kontakt mit betroffenen Frauen hatten, gaben 31,8% an, dabei mit sexueller Gewalt konfrontiert gewesen zu sein. Dem gegenüber bejahten von Frauen, die in Frauenhäusern Zuflucht suchten 50% die Frage, ob sie in der Sexualität zu Dingen gezwungen wurden, die sie nicht wollten (Hageman-White 1981). Diese Zahl wird von einer Kanadischen Studie bestätigt, bei der 50% der Frauen, die von ihrem Partner misshandelt wurden berichteten, sie seien auch von ihm vergewaltigt worden (Schmuel 1998). Die Dunkelziffer dürfte jedoch weit höher liegen, da bei sexueller Gewalt Schamgefühle und traditionelle Vorstellungen von der "ehelichen Pflicht" noch häufiger als bei anderen Formen von Gewalt dazu führen dass die Frauen nicht darüber sprechen. In Deutschland wurde Vergewaltigung in der Ehe erst im Juli 1997 nach langjährigen parlamentarischen Debatten als Tatbestand in das Strafgesetzbuch aufgenommen, zuvor war die Ehefrau ausdrücklich aus dem Personenkreis ausgenommen, der Opfer einer Vergewaltigung sein konnte.

Es zeigten sich signifikante Unterschiede zwischen den Geschlechtern in der Wahrnehmung sexueller Gewalt. Lediglich einer von elf männlichen Ärzten (9,1%) gab an, sexuelle Gewalt bei den betroffenen Patientinnen beobachtet zu haben. Bei den Ärztinnen waren es 43,3%, die sich bei ihren Patientinnen mit sexueller Gewalt konfrontiert sahen. Der Anteil jüngerer Ärztinnen und Ärzte, die sexuelle Gewalt wahrnahmen, war mit 43,5% deutlich höher als der Anteil bei den älteren (21,1%). Eine Signifikanz war hier aber nicht nachweisbar, was möglicherweise auf die kleine Fallzahl zurückzuführen ist.

Gynäkologinnen und Gynäkologen beobachteten sexuelle Gewalt häufiger als andere Fachgruppen, was sich in erster Linie durch ihre "Zuständigkeit" für diesen Bereich des Körpers erklären lässt. Es zeigt sich insgesamt aber auch ein sehr deutlicher Zusammenhang zwischen vorhandenem Informationsmaterial und der Wahrnehmung sexueller Gewalt. Während häusliche Gewalt gegen Frauen in medizinischen Veröffentlichungen in Deutschland praktisch kein Thema ist (vgl. 2.8), wird sexueller Missbrauch, meist im Zusammenhang mit Kindern und Jugendlichen oder in Zusammenhang mit Spurensicherung bei Vergewaltigung in der gynäkologischen Fachpresse immer wieder behandelt. Dieses höhere Maß an Information und an Präsens des Themas in entsprechenden Fachkreisen, könnte durchaus auch zur verstärkten Wahrnehmung durch diese Fachgruppe beitragen.

Hingewiesen wurde sowohl bei der Beantwortung der Frage als auch bei den offenen Fragen immer wieder auf Alkoholmissbrauch, Arbeitslosigkeit und soziale Probleme, die zu Gewalt gegen die Ehefrau oder Partnerin führen. Derartige Problemlagen werden in verschiedenen Veröffentlichungen als Risikofaktoren beschrieben, können aber nicht als Ursache der Gewalt angesehen werden (vgl. 2.2). Die Bezirke Hohenschönhausen und Lichtenberg zählen nicht zu den "Problembezirken" Berlins, die Arbeitslosenquoten und die Zahlen der Sozialhilfeempfänger liegen unter dem Berliner Durchschnitt und das Bildungsniveau ist relativ hoch. Legt man den Sozialindex zugrunde, belegen beide Bezirke mittlere Ränge sowohl bezogen auf Gesamt-Berlin als auch bezogen auf den Ostteil der Stadt (Hermann 1997).[7] Dennoch sind soziale Problemlagen auch in diesen Bezirken heute wesentlich häufiger anzutreffen als dies vor der Wende der Fall war.

Ökonomische Gewalt wurde mit 43,1% häufiger genannt als sexuelle Gewalt und immerhin 18,2% der Befragten sahen sich mit sozialer Gewalt konfrontiert. Wahrscheinlich meinten viele damit aber eher ökonomische Zwänge von außen wie Geldmangel durch Arbeitslosigkeit oder ein gesellschaftliches Klima von sozialer Kälte als finanzielle oder soziale Druckmittel auf die Partnerin. Dafür spricht, dass soziale Gewalt im sozial schwächeren Bezirk Lichtenberg häufiger wahrgenommen wurde als in Hohenschönhausen.

5.2.3 Hindernisse für das Erkennen häuslicher Gewalt

Die meisten Befragten stimmten den Aussagen zu, die Hindernisse für das Erkennen häuslicher Gewalt im Verhalten der Frauen beinhalteten: dass sie nicht als Opfer häuslicher Gewalt erkannt werden möchten, weil sie sich schämen (84,1%), dass sie die Gewalt nicht von sich aus ansprechen (72,1%) oder dass sie sich vor weiterer Gewalt fürchten (69,8%). Dass die Frau die Misshandlung abstreitet, war für die meisten jedoch nur manchmal ein Hindernis, die Gewaltproblematik zu erkennen und nur 14% äußerten, dies sei "immer" oder "häufig" der Fall. Diese Einschätzung stimmt mit den Untersuchungen überein, wonach Frauen selten von sich aus die Misshandlungen ansprechen (Hayden 1997) und die Ursache dafür sehr häufig Scham ist (vgl. 2.6). In der Studie von Hayden (1997) unter Frauen, die in einer Notaufnahme behandelt wurden, gaben immerhin 11% derjenigen, die im Laufe ihres Lebens bereits vom Partner misshandelt worden waren an,

---

[7]   Hohenschönhausen belegt beim Sozialindex Rang 10, Lichtenberg Rang 12 von insgesamt 23 Bezirken, unter den Ostberliner Bezirken liegt Hohenschönhausen auf Rang 6 und Lichtenberg auf Rang 7

dass sie trotz Nachfrage abstreiten würden, ihre Verletzungen rührten von einer Misshandlung durch Partner oder Ehemann.

5.3 Symptome, die auf häusliche Gewalt hinweisen können

Die Frage nach Symptomen, die auf häusliche Gewalt hinweisen könnten, sollte sowohl von den Ärztinnen und Ärzten beantwortet werden, die bereits Kontakt zu betroffenen Frauen hatten, als auch von den übrigen.

Psychische Störungen wurden von 83,1% aller Befragten genannt und rangierten damit noch vor körperlichen Symptomen (81,5%). Bei diesen standen Hämatome (Blutergüsse), teilweise mit Hinweisen wie "an typischen Stellen" oder "die mit einem Unfallgeschehen nicht plausibel erklärbar sind" mit großem Abstand an erster Stelle (67,7%) der Nennungen.

23,1% der Befragten nannten leichtere Verletzungen wie Prellungen, Quetschungen, Schürf- und Kratzwunden und immerhin mehr als ein fünftel nannte schwere und schwerste Verletzungen wie Knochenbrüche, Würgemale und sogar eine Schussverletzung.

Die Vielfalt der genannten Symptome und Beschwerden spiegelt einerseits die Erfahrungen der Ärztinnen und Ärzte mit betroffenen Frauen wider, andererseits ihren Kenntnisstand über mögliche psychische und physische Folgen häuslicher Gewalt.

Auffällig ist, dass es keine wesentlichen Unterschiede in der Beantwortung der Frage gab zwischen denen, die bereits mit der Gewaltproblematik zu tun hatten und den anderen. Aufgrund der definitiven Art der Schilderung könnte aber doch vermutet werden, dass es sich gerade bei den schweren und schwersten Verletzungen wie "Schussverletzung" oder "Würgemale" eher um Erfahrungswerte handelt.

Es zeigte sich eine Tendenz dahingehend, dass diejenigen, die bereits Kontakt zu betroffenen Frauen hatten, häufiger Ängste und Panikstörungen als Hinweis auf häusliche Gewalt angaben.

Weibliche Ärztinnen sahen körperliche Beschwerden und insbesondere Schmerzsyndrome, für die kein krankhafter Organbefund erhoben werden kann, häufiger als Hinweis auf Misshandlungen in der Familie. Kopfschmerzen, Rückenschmerzen, Schmerzen im Brustkorb oder im Unterleib werden in vielen Publikationen (vgl. 2.4.1) als besonders häufige Symptome bei misshandelten Frauen benannt. Dabei ist oft nicht zu unterscheiden, ob die

Schmerzen direkte Folgen von nicht mehr sichtbaren Verletzungen sind oder ob es sich um psychosomatische Störungen aufgrund der seelischen Traumatisierung handelt. Für die Untersuchenden zeigt sich in beiden Fällen ein Schmerzsyndrom ohne erkennbare organische Ursache.

Die Gesamtheit der von den Befragten genannten Symptome stimmte gut mit den in der Literatur beschriebenen Störungen überein, die bei von Gewalt betroffenen Frauen auftreten. Während depressive Syndrome mit 50,8% und die Gesamtheit der psychosomatischen Störungen (einschließlich Schmerzsyndrome) mit 46,2% von einem relativ großen Anteil der Ärztinnen und Ärzte aufgeführt wurden, wurden andere typische Symptome wie Angst- oder Panikstörungen mit 24,2% oder Schlafstörungen mit 15,4% nur selten als Hinweis auf häusliche Gewalt genannt. Nur ein Arzt führte Suizidgedanken als möglichen Hinweis auf eine Misshandlung auf, obwohl Siuzidgedanken und Suizidversuche bei misshandelten Frauen deutlich häufiger vorkommen als bei nicht misshandelten Frauen (vgl. 2.4.2).

Viele Ärztinnen und Ärzte werten durchaus auch unspezifische Symptome als Hinweis auf eine Misshandlung, wenn sie konkret danach gefragt werden und einige haben offensichtlich gute Kenntnisse über Symptome, die auf eine Misshandlungsbeziehung hinweisen können. Dennoch zeigt sich hier auch deutlich ein Informationsdefizit.

Dass bei den Befragten keine wesentlichen Zusammenhänge bestanden zwischen der Kenntnis möglicher Störungen und der Wahrnehmung häuslicher Gewalt bei den eigenen Patientinnen, lässt vermuten, dass das vorhandene Wissen im Praxisalltag nicht umgesetzt wird.

Wie bei vielen anderen Diagnosen scheint das Problem der Wahrnehmung auch hier teilweise darin zu liegen, "daran zu denken". Wahrscheinlich können sich die Niedergelassenen bei vielen Familien gar nicht vorstellen, dass die Frau von ihrem Partner misshandelt wird. Schröttle (1997) fand bei ihren Untersuchungen zu Gewalt gegen Frauen in Ehe und Partnerschaft in Ostdeutschland, dass die Tabuisierung, Negierung und offizielle Darstellung als Randgruppenproblem in der DDR sowohl bei den Betroffenen als auch bei den Professionellen zu einer Ausblendung der Gewalt aus der Wahrnehmung führten. Dieser Aspekt könnte von Bedeutung sein, wenn häusliche Gewalt gegen Frauen nicht wahrgenommen wird, obwohl die möglichen Symptome nicht unbekannt sind.

Möglicherweise führt auch das in allen gesellschaftlichen Schichten verbreitete Vorurteil, häusliche Gewalt komme hauptsächlich in sozial schwachen Familien oder bei Alkoholikern vor oder es sei ein Problem von Persönlichkeitsstörungen, dazu, dass die Ärztinnen und Ärzte bei ihren Patientinnen selten mit häuslicher Gewalt rechnen und so andere Erklärungen zum Beispiel für psychosomatische Störungen suchen.

5.4 Ansprechen der Gewaltproblematik und Selbsteinschätzung der Ärztinnen und Ärzte

Fast 70% der Ärztinnen und Ärzte fragten ihre Patientinnen direkt, ob Verletzungen oder Beschwerden von Gewalttätigkeiten durch den Partner oder Ehemann herrührten, wenn sie es vermuteten.

In der bereits zitierten Studie von Hayden (1997) äußerten 36% der Frauen, die jemals von ihrem Partner misshandelt wurden, sie würden dies einem Arzt oder einer Ärztin nur dann sagen, wenn sie direkt danach gefragt würden, 25% würden es berichten, ohne gefragt zu werden und 11% würden es auch dann nicht berichten, wenn sie direkt gefragt würden. Das heißt, der Prozentsatz derer, die in einer Notfallabteilung über ihr Problem sprechen würde, liegt bei über 60% und nur etwa jede neunte würde die Gewalt durch den Partner leugnen. In einer ambulanten Arztpraxis herrscht eine größere Vertraulichkeit und so könnten hier sogar noch mehr Frauen bereit sein, über ihre Erlebnisse zu sprechen. Andererseits könnte aber auch gerade dort die Scham überwiegen, sich der Ärztin oder dem Arzt gegenüber zu offenbaren.

In der vorliegenden Untersuchung zeigte sich, dass die Gewalt in der Familie, wenn sie denn vermutet wird, häufig von Ärztin oder Arzt auch thematisiert wird. Die Niedergelassenen sahen sich selbst auch ganz überwiegend als Ansprechpartner/-innen für betroffene Frauen. Dass sie sich nicht in Privatangelegenheiten einmischen wollten, nicht über ihre Möglichkeiten hinaus involviert werden wollten, zu wenig Zeit hätten oder zu wenig honoriert würden, sahen die meisten von ihnen unabhängig von Bezirk, Alter, Geschlecht, Fachgebiet oder Praxisgröße nicht als Hindernis, häusliche Gewalt anzusprechen.

Eine wesentliche Rolle beim Ansprechen häuslicher Gewalt spielte hingegen der Umstand, wie gut die Ärztinnen und Ärzte die Frau kannten

(66,7%), vor allem bei den Gynäkologinnen und Gynäkologen und in größeren Praxen.

Ebenfalls von großer Bedeutung war, wie sicher sich die Ärztinnen und Ärzte waren, dass eine Misshandlung vorlag (61,5%).

Der Umstand, dass die Frau nicht alleine in der Praxis ist oder die Einschätzung, dass die Befragten das Thema ansprechen würden, wenn sie helfen könnten, spielten eine untergeordnete Rolle. Obwohl nur 29,2% der Befragten äußerten, sie könnten "immer" oder "häufig" angemessene Hilfe bieten, waren doch über die Hälfte der Befragten der Meinung, sie könnten dies zumindest "manchmal" und nur 10,8% , glaubten, sie könnten selten angemessen helfen und niemand war der Ansicht, dies "nie" zu können. Die Ärztinnen und Ärzte sahen ihre Hilfsmöglichkeiten also tendenziell eher positiv als negativ und zwar unabhängig von allen erhobenen demographischen Merkmalen. Es fand sich hier lediglich ein positiver Zusammenhang mit der Einschätzung der eigenen Informiertheit, wobei insgesamt fast zwei Drittel der Befragten äußerten, sie fühlten sich nicht ausreichend informiert.

Bei der Einschätzung der eigenen Wahrnehmung zeigte sich ein ähnliches Bild: 10,7% waren der Meinung, betroffene Frauen "selten" oder "nie" erkennen zu können, die überwiegende Mehrheit schätzte, sie könnten sie "manchmal" erkennen. Dabei zeigte sich ein deutlicher Geschlechtsunterschied: während die Ärzte waren zu etwa 26% schätzten, sie könnten betroffene Frauen selten oder nie erkennen, waren nur 2,6% der Ärztinnen dieser Ansicht.

Die Einschätzung inwieweit häusliche Gewalt erkannt wurde, war auch abhängig davon, ob die Ärztinnen und Ärzte bereits Kontakt zu Opfern häuslicher Gewalt hatten oder nicht und zwar unabhängig von Bezirk, Altersgruppe, Fachgebiet oder Praxisgröße. Diejenigen, die Informationsmaterial in der Praxis hatten waren ebenfalls eher der Meinung, dass sie Opfer häuslicher Gewalt erkennen könnten.

Sprach- und Kulturbarrieren spielten beim Ansprechen häuslicher Gewalt eher eine untergeordnete Rolle und ihre unterschiedliche Bewertung hängt wahrscheinlich mit einer sehr unterschiedlichen Konfrontation der Niedergelassenen mit Ausländerinnen zusammen, deren Anteil in den beiden Bezirken sowohl im Vergleich zu Gesamtberlin als auch zu den anderen Ostbezirken eher niedrig ist.

Dass sie das Problem schon öfter angesprochen hätten, die Frauen aber nichts an ihrer Situation ändern wurde von 60,0% als ganz oder weitgehend zutreffend angesehen. Frauen stimmten dieser Aussage zu fast 77% zu, während Männer dem nur zu etwa einem Drittel zustimmten. Hier zeigt sich eine für misshandelte Frauen typische Situation: das soziale Umfeld reagiert überwiegend mit Unverständnis, wenn eine Frau in einer Misshandlungsbeziehung bleibt, und gerade nicht betroffene Frauen können ihr Verhalten häufig nicht nachvollziehen. Es zeigt sich darin die Einstellung, dass eine Frau mitverantwortlich ist für die Misshandlung, wenn sie die Beziehung nicht verlässt. Hier wäre es ganz entscheidend, den Ärztinnen und Ärzten Informationen anzubieten über die Dynamik in Misshandlungbeziehungen und über die Gründe, die Frauen dazu veranlassen, immer wieder zu ihren Misshandlern zurückzukehren. Im "Domestic Violence Intervention Guide for Helth Care Professionals" (New York State 1996) wird darauf hingewiesen, dass Frauen ihre Misshandler im Durchschnitt sechs- bis achtmal verlassen bevor eine endgültige Trennung erfolgt und dass eine Trennung nicht notwendigerweise das Ende der Misshandlungen bedeutet. Demnach kann alleine die Tatsache, dass eine Frau in der Praxis darüber spricht und beginnt, ihre Situation zu überdenken, bereits als Erfolg gewertet werden. Die Ärztinnen und Ärzte werden aufgefordert, sich nicht entmutigen zu lassen, wenn die Frau nicht die Entscheidungen trifft, die sie für richtig hielten (ebenda).

Diese Ergebnisse zeigen insgesamt, dass ambulante Praxen Anlaufstellen für misshandelte Frauen sein können. Niedergelassene Ärztinnen und Ärzte fühlen sich zuständig für die sozialen Probleme ihrer Patientinnen und sie möchten ihnen im Falle von Misshandlungen auch Hilfestellungen geben. Inwieweit das Antwortverhalten hier durch soziale Erwünschtheit mitbestimmt war und inwieweit dieses Selbstbild der Befragten mit den tatsächlichen Gegebenheiten übereinstimmt, müsste überprüft werden. Gerade im Hinblick auf immer stärker werdende ökonomische Zwänge in der ärztlichen Praxis und im Hinblick auf den Zeitmangel, der auch bei der telefonischen Ankündigung der Befragung deutlich wurde, dürfte es häufig schwierig sein, zeitaufwendige Gespräche mit den Betroffenen in den Praxisalltag zu integrieren.

Dass die einzigen beiden Ärzte, die angaben, sie glaubten nicht, dass sie ein Ansprechpartner für misshandelte Frauen sein könnten, bereits Kontakt zu betroffenen Frauen hatten, könnte eine gewisse Resignation ihrerseits bedeuten.

Deutlich wurde ein Defizit an Informationen zum Umgang mit Opfern häuslicher Gewalt und zur Dynamik von Gewaltbeziehungen. Fast zwei Drittel der Befragten fühlten sich zu dieser Thematik nicht ausreichend informiert. Hier wäre es dringend erforderlich entsprechende Empfehlungen oder einen Leitfaden für Deutschland zu entwickeln und den Ärztinnen und Ärzten zur Verfügung zu stellen, um sowohl die Wahrnehmung häuslicher Gewalt zu verbessern als auch um konkrete Hinweise zum Umgang mit betroffenen Frauen zu geben.

5.5 Maßnahmen

Fast alle Befragten gaben an, dass sie die Betroffenen immer oder häufig besonders gründlich untersuchten und natürlich behandelten sie die Symptome und Verletzungen. Es wäre hier genauer zu untersuchen, was die Ärztinnen und Ärzte unter einer besonders gründlichen Untersuchung verstehen, in welchen Fällen sie zum Beispiel eine Ganzkörperuntersuchung durchführen oder weitergehende Diagnostik veranlassen. Diese konkreten Punkte wurden in der vorliegenden Studie nicht im Detail erfasst.

Ganz überwiegend fragten die Ärztinnen und Ärzte ihre Patientinnen nach der häuslichen Situation, wenn sie eine Misshandlung vermuteten. Diese Angaben sind konsistent mit den Antworten auf die Frage nach dem direkten Ansprechen häuslicher Gewalt.

Nur 38,1% gaben ihren Patientinnen Informationsmaterial mit, während 47,6% dies "selten" oder "nie" taten, wobei Gynäkologinnen und Gynäkologen deutlich häufiger Informationsmaterial mitgaben als Befragte anderer Fachgebiete. Erstaunlich war, dass es keinen Zusammenhang gab zwischen dem Vorhandensein in der Praxis und dem Mitgeben von Informationsmaterial. Dies wirft die Frage auf, welche Art von Informationsschriften in den Praxen vorhanden sind und welche Informationen die Befragten ihren Patientinnen bevorzugt mitgeben.

Wohin die Ärztinnen und Ärzte die betroffenen Frauen überweisen oder welche Empfehlungen sie ihnen geben, ist natürlich stark abhängig von den Beschwerden und Symptomen, die im Vordergrund stehen sowie von der jeweiligen Problemlage.

Aus den Antworten war nicht ersichtlich, ob die Befragten eine Maßnahme nicht ergriffen hatten, weil sie s e in den vorliegenden Fällen nicht für angemessen hielten, ob die Möglichkeit nicht bekannt war, ob sie von der Frau abgelehnt wurde cder ob Ärztin oder Arzt sie ablehnten.

Bei schweren Verletzungen wurden die meisten Frauen ins Krankenhaus überwiesen, während dies bei leichteren Verletzungen in der Regel nicht erfolgte. Dabei ist zu bedenken, dass eine Krankenhauseinweisung rechtlich nur bei medizinische Notwendigkeit erlaubt ist und nicht aus "sozialer Indikation", um zum Beispiel die Sicherheit der Frau zu gewährleisten oder um ihr die Möglichkeit zu verschaffen, zur Ruhe zu kommen und dass Ärzte, die Patientinnen trotzdem manchmal einweisen, dies in einer Befragung unter Umständen nicht angeben würden.

Mehr als 58% gaben den Frauen den Rat, die Polizei einzuschalten, wobei sogar 87% der Ärztinnen gegenüber nur 44,4% der Ärzte dazu rieten. Eine Partner- oder Familienberatung aufzusuchen wurde den Betroffenen von fast ebenso vielen Befragten (55,8%) "immer" oder "häufig" empfohlen, und auch zu dieser Aussage tendierten Ärztinnen noch stärker als Ärzte.

Dies könnte ein Hinweis darauf sein, dass die weiblichen Befragten Misshandlungen von Frauen in der Familie eher als strafbare Handlungen ansehen als die männlichen Befragten. Möglicherweise trauen die Ärztinnen aber auch der Polizei am ehesten zu, die Frauen vor ihren Misshandlern schützen zu können. Andererseits ist aber auch ihre Tendenz stark, zunächst eine Lösung innerhalb der Familie zu suchen. Im Zusammenhang mit der verstärkten Aufmerksamkeit von Polizei und Justiz häuslicher Gewalt gegenüber und im Zusammenhang mit geplanten Gesetzesänderungen, scheint es angebracht, dass auch Ärztinnen und Ärzte zuständige Stellen kennen und mit ihnen zusammenarbeiten.

Viele der Befragten (41,5%) überwiesen die Frauen "manchmal" zur Psychotherapie was sicher in Zusammenhang steht mit der häufigen Beobachtung von Depressionen, Angst- und Panikstörungen, Verhaltens- und Wesensveränderungen sowie psychosomatischen Beschwerden bei den vermutlich betroffener Frauen.

Ein Krisennotdienst wurde mit 17,1% selten in Anspruch genommen; hier stellt sich die Frage, ob die Ärztinnen und Ärzte den Krisennotdienst nicht kannten oder ob sie es nicht für angemessen hielten, die Frauen dorthin zu vermitteln. Da ein Zusammenhang zwischen dem Bekanntsein des Krisennotdienstes und der Vermittlung dorthin nachgewiesen wurde, könnte dies ein Grund für die geringe Zuhilfenahme des Krisennotdienstes sein. Auch der mehrfache Hinweis bei den Verbesserungsvorschlägen, es müsste eine Telefonbereitschaft rund um die Uhr vorhanden sein, zeigt, dass der Krisennotdienst, der diese Forderung erfüllt, nicht ausreichend bekannt ist.

Immerhin 21% der Ärztinnen und Ärzte vermittelten betroffene Frauen ins Frauenhaus, wobei Ärzte ihren Patientinnen deutlich seltener zu diesem Schritt rieten als Ärztinnen und das Frauenhaus vor allem von denen vermittelt wurde, die sexuelle Gewalt wahrgenommen hatten.

Hier wären genauere Untersuchungen nötig, in welchen Fällen und unter welchen Umständen die Ärztinnen und Ärzte welche Maßnahmen ergreifen oder empfehlen.

5.6 Dokumentation

Fast alle Ärztinnen und Ärzte gaben an, die Symptome "immer" besonders detailliert zu dokumentieren, wenn sie eine Misshandlung feststellten oder vermuteten, und auch die Angaben der Betroffenen über die Ursachen der Verletzungen wurde von 97,7% immer oder häufig in der Kartei vermerkt. Dass eine Frau misshandelt wurde, wurde von 85,7% der Befragten "immer" oder "häufig" dann dokumentiert, wenn diese sicher waren und zwar in allen untersuchten Gruppen gleichermaßen.

Auch wenn die Ärztinnen und Ärzte eine Misshandlung lediglich vermuteten, vermerkten fast zwei Drittel der Befragten ihren Verdacht in den Patientenunterlagen, und wenn die Patientin die Misshandlung durch Partner oder Ehemann abstritt bzw. eine andere Erklärung für ihre Verletzungen gab, waren es immerhin noch 62,8%. Hier fanden sich jedoch Unterschiede zwischen den befragten Gruppen: alle Niedergelassenen unter 45 Jahren dokumentierten ihre Vermutung "immer" oder "häufig" gegenüber nur 66,7% der älteren und die Internistinnen und Internisten dokumentierten ihren Verdacht häufiger als andere Fachgruppen auch dann, wenn sie eine Misshandlung nur vermuteten oder die Frau diese sogar leugnete.

Signifikante Unterschiede zwischen den Geschlechtern und den Bezirken waren nicht nachweisbar.

Hier zeigte sich eine recht große Bereitschaft der Ärztinnen und Ärzte, die Tatsache oder auch nur den Verdacht einer Misshandlung zu dokumentieren und auch die Symptome detailliert aufzuführen. Es wäre zu prüfen, inwieweit diese Dokumentationen für ein Gerichtsverfahren verwertbar wären und ob die Dokumentation verbessert werden könnte, wenn den Ärztinnen und Ärzten spezielle Anamnese- und Untersuchungsbögen zur Verfügung gestellt würden. Für Gynäkologinnen und Gynäkologen sind solche Vordrucke für Fälle von Vergewaltigungen bereits über den Berufsverband erhältlich. Ein Leitfaden zur Dokumentation bei Verdacht auf häusliche Gewalt für alle Fachgruppen, insbesondere für allgemeinärztlich Tätige zum Beispiel analog zum "Hamburger Leitfaden für Kinderarztpraxen. Gewalt gegen Kinder" (Freie und Hansestadt Hamburg 1996) könnte die Wahrnehmung betroffener Frauen verbessern und die Dokumentation erleichtern und vervollständigen. Dieser enthält nach einer Einführung in den Problemhintergrund, ausführliche Dokumentationsbögen für Fälle von Misshandlung, Vernachlässigung und sexuellen Missbrauch von Kindern. Neben der Befunddokumentation, einschließlich mehrerer Körperskizzen, beinhaltet er unter anderem auch Rubriken für Verhaltensauffälligkeiten, soziale und familiäre Verhältnisse sowie Hinweise zur Spurensicherung (ebenda). In Studien in den USA konnte gezeigt werden, dass die routinemäßige Anamnese von Patientinnen und die Dokumentation mit Hilfe standardisierter Untersuchungsbögen, die Wahrnehmung der von häuslicher Gewalt betroffenen Frauen erhöht (Kommentar des Hrsg. zu: Buehler 1998).

5.7 Information

Wie bereits beschrieben fühlten sich mit 61,5% fast zwei Drittel der Ärztinnen und Ärzte nicht ausreichend über das Thema "Häusliche Gewalt gegen Frauen" informiert. Die Gynäkologinnen und Gynäkologen fühlten sich häufiger ausreichend informiert als die Befragten der übrigen Fachgebiete.

Etwa die Hälfte der Befragten gaben an, sie hätten Informationsmaterial für betroffene Frauen in der Praxis, wobei diejenigen, die bereits Kontakt zu betroffenen Frauen hatten, und diejenigen, die mehr Fälle hatten, häufiger über Informationsmaterial verfügten. Diejenigen, die Informationsschriften für Opfer häuslicher Gewalt hatten, fühlten sich auch selbst besser informiert, sie kannten häufiger die Einrichtungen "Frauenhaus" und "Krisennotdienst" und insgesamt mehr Einrichtungen als die anderen.

Alle in der Befragung genannten Einrichtungen waren mehr als der Hälfte der Ärztinnen und Ärzte bekannt, die häufigsten Nennungen waren "Familienberatung" (83,1%) und "Frauenhaus" (72,3%). Gynäkologinnen und Gynäkologen kannten das Frauenhaus deutlich häufiger als Internistinnen

und Internisten und eine Frauenberatung war in Hohenschönhausen bekannter als in Lichtenberg.

In der Untersuchung konnte nicht unterschieden werden, ob die Befragten
die angegebenen Einrichtungen lediglich "vom Hörensagen" kannten oder
ob ihnen konkret Adressen oder Telefonnummern bekannt waren.

Aus der Beantwortung der offenen Fragen wurde aber deutlich, dass viele
der Befragten sich mehr Informationen über Anlaufstellen wünschten, dass
deren Erreichbarkeit verbessert werden sollte und dass die Informationen
"griffbereit" sein sollten.

5.8 Verbesserungsvorschläge

Von den vorgeschlagenen Verbesserungen, nannten die Befragten an erster Stelle, dass das Thema häusliche Gewalt bereits im Medizinstudium
behandelt werden müsste (83,1%). Eine bessere Vernetzung der Hilfsangebote (75,4%) und eine bessere Schulung anderer Berufsgruppen
(73,8%) hielten etwa drei Viertel der Befragten für "sehr wichtig" oder "eher
wichtig" und 72,3% wünschten schriftliches Informationsmaterial zum Erkennen und zum Umgang mit Opfern häuslicher Gewalt. Fortbildungsveranstaltungen zu diesen Themen wurden von 60% der Ärztinnen und Ärzte
als besonders wichtig angesehen, während 12,3% diese eher für unwichtig
hielten. Nur 36,9% hielten ärztliche Gesprächszirkel für wichtig, hingegen
hielten 29,2% sie für unwichtig, allerdings fanden Ärztinnen sie sehr viel
häufiger wichtig als Ärzte.

Diese Ergebnisse decken sich teilweise mit den Untersuchungen von Reid
in den USA bei niedergelassenen Ärztinnen und Ärzten (vgl.2.6). Dort waren sogar 94% der Befragten der Meinung, das Thema "häusliche Gewalt"
sollte Teil der ärztlichen Ausbildung sein, während der Anteil derer, die an
einem "domestic violence forum" teilnehmen würden, unter 50% lag. Im
Gegensatz zu Deutschland gibt es in Amerika seit längerer Zeit Schulungen
und Informationsmaterial speziell für Ärztinnen und Ärzte zum Thema und
so gaben in der zitierten Untersuchung 41% der Befragten an, sie hätten
bereits irgendeine Art von Schulung zu häuslicher Gewalt gehabt, aber nur
25% gaben an, sie wären dazu ausgebildet worden, häusliche Gewalt zu
erkennen (Reid 1997).

Obwohl alle Vorschläge eher positiv als negativ beurteilt wurden, fällt insgesamt auf, dass zeitintensive Möglichkeiten wie Fortbildungsveranstaltunen

und Gesprächszirkel weit weniger Zustimmung fanden als zum Beispiel schriftliches Informationsmaterial. Dies kann aber nicht nur im Zusammenhang mit dem Thema "Häusliche Gewalt" gesehen werden, sondern trifft wahrscheinlich auch auf viele andere medizinische und soziale Themen zu, mit denen Ärztinnen und Ärzte im Praxisalltag konfrontiert sind. Der Zeitdruck, dem die meisten Ärztinnen und Ärzte ausgesetzt sind, dürfte dazu führen, dass sie Fortbildungen nur zu den Themen besuchen, die ihnen am dringlichsten erscheinen, und bei den anderen Themen eher versuchen, sich einen Überblick durch die Fachpresse zu verschaffen. Da die meisten der Befragten nur wenige Fälle häuslicher Gewalt in ihrer Praxis wahrgenommen hatten, dürfte dieses Thema für sie eher von untergeordneter Bedeutung sein. Aus dem Antwortverhalten der Gynäkologinnen und Gynäkologen in der vorliegenden Untersuchung lässt sich andererseits schliessen, dass bereits eine größere Präsens in der Fachpresse und wenig aufwendige Informationsmaterialien zu einer verstärkten Wahrnehmung und einer größeren Sicherheit im Umgang mit dem Problem Gewalt führen könnten.

Es erscheint daher in erster Linie sinnvoll, die Ärztinnen und Ärzte durch Veröffentlichungen in der Fachpresse und durch schriftliche Publikationen über häusliche Gewalt zu sensibilisieren und zu informieren. Wie dies im Falle von Kindesmisshandlung in den letzten Jahren bereits getan wurde, sollten gemeinsam mit den Berufsverbänden und den Akademien für ärztliche Fortbildung, Leitfäden oder Empfehlungen zum Erkennen von und zum Umgang mit Opern häusliche Gewalt erarbeitet werden. Obwohl Fortbildungsveranstaltungen zum jetzigen Zeitpunkt wahrscheinlich weniger frequentiert würden, wären sie doch notwendig und sollten ebenfalls entwickelt werden.

Zur frühzeitigen Sensibilisierung und um ein grundlegendes Verständnis für die komplexe Problematik zu erreichen, sollte das Thema "Häusliche Gewalt" auch bereits im Medizinstudium behandelt werden.

5.9 Weitere Verbesserungsvorschläge und Anmerkungen zum Thema

Der Schwerpunkt bei den Verbesserungsvorschlägen, die von den Befragten bei den offenen Fragen angegeben wurden, lag eindeutig bei Informationen, Aufklärung und Öffentlichkeitsarbeit. Hier war aber nicht nur die quantitative Auswertung, sondern auch das Spektrum der Vorschläge interessant.

Besonders häufig wurde genannt, dass Informationsmaterial für die betroffenen Frauen zur Verfügung gestellt werden müsste, damit sie wüssten, wohin sie sich wenden können. Die Ärztinnen und Ärzte wollten diese Informationen dann auch in ihrer Praxis auslegen, sie sollten aber auch über die Medien verbreitet werden, über Postwurfsendungen direkt an die Haushalte verteilt werden oder an gut zugänglichen öffentlichen Stellen angebracht sein. Es wurde auch vorgeschlagen, diese Informationen eher an Stellen anzubringen, an denen Frauen die Gelegenheit hätten, sie anonym und unbemerkt zu lesen. Hier wurde von den Befragten offensichtlich berücksichtigt, dass Frauen sich häufig schämen, in ihrer Beziehung misshandelt zu werden oder dass sie Angst vor weiterer Gewalt haben, wenn der Misshandler erfährt, dass sie sich jemandem mitteilen wollen oder Schritte zu Trennung unternehmen (May 1998 u.a.).

Mehrfach wurde auch genannt, dass das Bezirksamt direkt mit Informationsmaterial auf die Ärztinnen und Ärzte zukommen sollte, damit diese im Notfall nicht erst lange im Telefonbuch suchen müssten, und es sollten direkte Ansprechpartner bei Behörden und Anlaufstellen bekannt sein.

Die rechtlichen Aspekte, die vereinzelt genannt wurden, zeigten einerseits Unsicherheiten über die Rechtslage, wenn häusliche Gewalt von Ärztinnen und Ärzten festgestellt oder vermutet würde, andererseits Kritik daran, dass eine rechtliche Handhabe häufig fehle.

Aufklärung der Bevölkerung insgesamt oder die Einbeziehung des Themas in den Schulunterricht oder die Jugendarbeit waren Vorschläge zur Verbesserung der Situation der betroffenen Frauen, aber auch zur Gewaltprävention insgesamt. Das Problem der häuslichen Gewalt wurde auch immer wieder in einen gesellschaftlichen Zusammenhang gestellt. So wurde ein Abbau der Arbeitslosigkeit und die Bekämpfung von Armut und sozialer Ungleichheit gefordert. Hier richteten sich auch vereinzelt Vorschläge an die Verantwortlichen im Bezirk, zum Beispiel wurden Verbesserungen im Stadtteil im Allgemeinen und Angebote für Alternativen im Freizeitbereich im Besonderen genannt.

6. Zusammenfassung

In der Untersuchung wurde eine Stichprobe der niedergelassenen Ärztinnen und Ärzte der Fachgebiete Allgemeinmedizin, Gynäkologie und Innere Medizin der Ostberliner Bezirke Hohenschönhausen und Lichtenberg zu ihrem Umgang mit Opfern häuslicher Gewalt in der Praxis befragt. Die Teilnahmebereitschaft wurde zuvor telefonisch ermittelt und so erhielten 89 von 130 angesprochenen Personen einen Fragebogen. 73% der Fragebogen wurden zurückgesandt, das entspricht einer Response-Rate von 50% bezogen auf die gezogene Stichprobe.

Etwa ein Drittel der Ärztinnen und Ärzte hatte bisher keinen Kontakt zu Opfern häuslicher Gewalt in der Praxis und die übrigen nahmen insgesamt 167 Fälle wahr, bei denen sie wussten, dass die Frau misshandelt wurde und 354 Fälle, bei denen sie es vermuteten. Aus diesen Fällen hochgerechnet ergibt sich für beide Bezirke zusammen eine geschätzte Prävalenz von 0,9% für bekannte und weitere 1,3% für vermutete Fälle häuslicher Gewalt. Es ist anzunehmen, dass diese niedrige Anzahl in ambulanten Praxen nicht auf eine tatsächlich niedrige Prävalenz in den beiden Bezirken zurückzuführen ist, sondern auf die geringe Wahrnehmung durch die Befragten.

In der Wahrnehmung von häuslicher Gewalt gab es deutliche Unterschiede zwischen den Gruppen von Befragten: Ärztinnen nahmen häufiger betroffene Frauen wahr als Ärzte und insbesondere die Wahrnehmung sexueller Gewalt durch weibliche Befragte war signifikant höher als durch männliche Befragte. Auch in den Altersgruppen gab es Unterschiede dahingehend, dass Ältere häusliche Gewalt und auch sexuelle Gewalt seltener sahen als Jüngere.

Gynäkologinnen und Gynäkologen sahen sexuelle Gewalt häufiger als andere Fachgruppen, was einerseits auf ihre Spezialisierung zurückzuführen ist, andererseits aber auch mit einer größeren Präsenz der Themen sexueller Missbrauch und Vergewaltigung in der gynäkologischen Fachpresse zusammen hängen könnte.

Bei den Symptomen, die auf häusliche Gewalt hinweisen könnten, wurden Depressionen und psychosomatische Störungen häufig genannt, während andere, häufige Gesundheitsstörungen wie Angst- und Panikstörungen,

Schlafstörungen oder Suizidgedanken seltener genannt wurden. Dass sich kein Zusammenhang fand zwischen der Kenntnis möglicher Störungen und der Wahrnehmung häuslicher Gewalt bei den behandelten Patientinnen, deutet darauf hin, dass das vorhandene Wissen im Praxisalltag nicht umgesetzt wird. Es zeigt sich hier auch ein Informationsdefizit in Bezug auf die Interpretation der Symptome und die Verbreitung häuslicher Gewalt in allen gesellschaftlichen Schichten.

Die Niedergelassenen fühlen sich als Ansprechpartner und beurteilen ihre Möglichkeiten, den Frauen zu helfen eher positiv als negativ. 68,2% fragten die betroffenen Frauen immer oder häufig direkt, ob ihre Verletzungen vom Partner oder Ehemann herrührten, wenn sie die Vermutung hatten und die meisten fragten in solchen Fällen nach der häuslichen Situation. Wesentlich für das Ansprechen war, wie sicher sie sich waren, dass eine Misshandlung vorlag und wie gut sie die Frau kannten. Dass sie sich nicht in Privatangelegenheiten einmischen wollten, nicht über ihre eigenen Möglichkeiten hinaus involviert werden wollten, zu wenig Zeit hätten oder nicht ausreichend honoriert würden, spielte nach der Selbsteinschätzung der Ärztinnen und Ärzte weniger eine Rolle. Ebenfalls von Bedeutung war der Umstand, dass sie das Problem bereits häufiger angesprochen hätten, die Frauen aber nichts an ihrer Situation änderten, wobei dies von den weiblichen Befragten noch häufiger geäußert wurde.

Hindernisse für das Erkennen der häuslichen Gewalt sahen die Befragten auch im Verhalten der Frau, insbesondere dass sie nicht als Opfer von Misshandlungen erkannt werden wollten, weil sie sich schämten oder die Gewalt nicht von sich aus ansprachen.

Die Ärztinnen und Ärzte selbst fühlten sich zu fast zwei Drittel nicht ausreichend informiert, und auch aus der Beantwortung der offenen Fragen wurde deutlich, dass ihnen Informationen zum Umgang mit Opfern häuslicher Gewalt, zur Dynamik von Gewaltbeziehungen und zu Hilfsangeboten für betroffene Frauen fehlen.

Broschüren oder Merkblätter für Patientinnen hatte die Hälfte der Befragten in der Praxis, aber nur 38% gaben ihnen Informationsmaterial mit, wenn sie häusliche Gewalt vermuteten, während fast die Hälfte der Befragten dies selten oder nie tat.

Welche Maßnahmen die Ärztinnen und Ärzte ergriffen, wenn sie eine Misshandlung erkannten oder vermuteten, hängt sehr davon ab, welche Sym-

ptome vorhanden sind und welche Problemlage vorliegt. Bei der Beantwortung der Fragen war nicht z_ unterscheiden, ob die Ärztinnen und Ärzte
eine Maßnahme nicht ergriffen, weil sie sie nicht für angemessen hielten,
weil sie sie nicht in Betracht zogen oder weil diese von ihnen selbst oder
von der Patientin abgelehnt wurde. Im Vordergrund stand die Untersuchung
und Behandlung der Symptome, häufig wurde auch nach der häuslichen
Situation gefragt. Wenn die Betroffenen weitere Empfehlungen erhielten, so
am häufigsten, die Polizei einzuschalten oder eine Partner- oder Familienberatung aufzusuchen. Etwa ein fünftel der Befragten vermittelten betroffene Frauen "immer" oder "häufig' in ein Frauenhaus, während nur etwa 17%
sie an den Krisennotdienst vermittelten.

Bei der Dokumentation zeigte sich eine große Bereitschaft der Ärztinnen
und Ärzte, die Tatsache oder auch nur den Verdacht einer Misshandlung zu
dokumentieren und auch die Symptome detailliert aufzuführen, die spezielle
Art der Dokumentation wurde in der vorliegenden Arbeit jedoch nicht unter-
sucht. Es ist dennoch zu vermuten, dass die Dokumentation und auch die
Wahrnehmung häuslicher Gewalt deutlich verbessert werden könnte, wenn
Ärztinnen und Ärzten spezielle Anamnese- und Untersuchungsbögen zur
Verfügung hätten.

Als Verbesserungsmöglichkeiten wurden vor allem angesehen, dass das
Thema bereits im Medizinstudium behandelt werden sollte, eine Schulung
anderer Berufsgruppen sowie eine Vernetzung der Hilfsangebote. Schriftliches Informationsmaterial hielten mehr als 70%, Fortbildungsveranstaltungen 60% der Befragten für wichtig, während Gesprächszirkel als eher
unwichtig angesehen wurden.

7. Schlussfolgerungen

- Die Ergebnisse zeigen insgesamt, dass ambulante Arztpraxen als potentielle Anlaufstellen für Opfer häuslicher Gewalt angesehen werden können.

- Ärztinnen und Ärzten benötigen Informationen zum Erkennen und zum Umgang mit betroffenen Frauen, zur Verbreitung häuslicher Gewalt und zur Dynamik von Gewaltbeziehungen.

- Es sollte ein Leitfaden, möglichst in Zusammenarbeit mit den Ärztekammern und Berufsverbänden zur Diagnostik und Dokumentation häuslicher Gewalt entwickelt werden, in ähnlicher Form wie der "Hamburger Leitfaden. Gewalt gegen Kinder" zu Misshandlung und sexuellen Missbrauch von Kindern, um den Ärztinnen und Ärzten Basisinformationen zu häuslicher Gewalt zu vermitteln und ihnen die Dokumentation zu erleichtern.

- Veröffentlichungen in der Fachpresse sollten die Ärztinnen und Ärzten für häusliche Gewalt sensibilisieren und ihnen die Möglichkeit geben, sich ohne größeren Zeitaufwand zum Thema weiterzubilden.

- Weiterbildungsveranstaltungen sollten gemeinsam mit den Akademien für ärztliche Fortbildung entwickelt werden.

- Das Thema häusliche Gewalt sollte bereits im Medizinstudium behandelt werden.

- Anschriften und Telefonnummern lokaler Einrichtungen zur Unterstützung betroffener Frauen sollten in kurz gefasster Form in den Bezirken verbreitet werden und für die Praxen zum Auslegen bereitgestellt werden. Insbesondere die Telefonnummer des Krisennotdienstes, der rund um die Uhr erreichbar ist, sollte für alle niedergelassenen Ärztinnen und Ärzten griffbereit sein.

- Die Bezirke sollten sich an der Öffentlichkeitsarbeit und Aufklärung zum Thema beteiligen, und in diesem Zusammenhang auch die betroffenen Frauen ermutigen, sich an ihre Ärztin oder an ihren Arzt zu wenden.

- Die Datenlage über Ausmaß und Folgen häuslicher Gewalt ist in Deutschland völlig unzureichend, und es ist kaum etwas über den Umgang mit betroffenen Frauen im Gesundheitswesen bekannt. Mögliche

Unterschiede in Ost- und Westdeutschland sollten erforscht und berücksichtigt werden.

8. Literaturverzeichnis

Abbott, J., Johnson, R., Koziol-McLain, J., Lowenstein, S. R. (1995): Domestic violence against women. Incidence and prevalence in an emergency department population. In: Journal of the American Medical Association, 273, No. 22, 1763-1767.

Benard, C., Schlaffer, E. (1997): Gewalt in der guten Stube – Situation in Mittelschichtfamilien. In: Gewalt gegen Frauen. Aktionswochen der Ministerin für die Gleichstellung von Frau und Mann gemeinsam mit den kommunalen Gleichstellungsbeauftragten des Landes Nordrhein-Westfalen. Dokumente und Berichte 15, Hrsg.: Ministerium für die Gleichstellung von Frau und Mann des Landes Nordrhein-Westfalen. Düsseldorf.

Bergdoll, K., Namgalies-Teichler, C. (1987): Frauenhaus im ländlichen Raum. Schriftenreihe des Bundesministers für Jugend, Familie, Frauen und Gesundheit, Band 198 Kohlhammer Verlag, Stuttgart.

Bezirksamt Hohenschönhausen von Berlin. Abt. Gesundheit, Personal und Verwaltung. Plan- und Leitstelle Gesundheit. (Hrsg.) (1998a): Gesundheit. "Gewalt gegen Frauen". Journal der Plan- und Leitstelle Gesundheit Hohenschönhausen II. Quartal 1993. Berlin.

Bezirksamt Hohenschönhausen von Berlin. Abt. Gesundheit, Personal und Verwaltung. Plan- und Leitstelle Gesundheit. (Hrsg.) (1998b): ...wie geht's Frau? Gesundheitsbericht '98. Berlin.

Bezirksamt Hohenschönhausen von Berlin. Abt. Gesundheit, Personal und Verwaltung. Plan- und Leitstelle Gesundheit. (Hrsg.) (1997): Gesundheit und soziale Lage. Gesundheitsbericht '97. Berlin.

Bluhm, B., Halisch, G., Hesse, M., Kiehl, A., Marko, M., Ring, K. (1998): Gesundheit. "Wie geht's Frau? Ergebnisse einer Studie. Sonderausgabe, Journal der Plan- und Leitstelle Gesundheit, Hohenschönhausen, Hrsg:: Bezirksamt Hohenschönhausen von Berlin. Abt. Gesundheit, Personal und Verwaltung. Plan- und Leitstelle Gesundheit, Berlin.

Bortz, J., Döring, N. (1995): Forschungsmethoden und Evaluation für Sozialwissenschaftler, 2., vollständig überarbeitete und aktualisierte Auflage. Springer Verlag, Berlin.

Brandau, H., Haep, M., Hagemann-White, C., del Mestre, A. (1990): Wege aus Mißhandlungsbeziehungen. Unterstützung für Frauen und ihre Kinder vor und nach dem Aufenthalt in einem Frauenhaus. Centaurus-Verlagsgesellschaft, Pfaffenweiler.

Brandau, H., Ronge, K. (1997): Gewalt gegen Frauen im häuslichen Bereich. Alte Ziele – Neue Wege. Broschüre 1, 2. Auflage herausgegeben von BIG e.V. Berliner Initiative gegen Gewalt gegen Frauen, Berlin.

Bühl, A., Zöfel, P. (1995): SPSS für Windows. Version 6.1. Praxisorientierte Einführung in die moderne Datenanalyse, 2., überarbeitete und erweiterte Auflage, Addison-Wesley Publishing Company, Bonn.

Bundesministerium für Familie, Senioren, Frauen und Jugend (BMFSFJ) (Hrsg.) (1998): Frauen in der Bundesrepublik Deutschland. Broschüre, Bonn.

Bundesministerium für Familie, Senioren, Frauen und Jugend (BMFSFJ) (Hrsg.) (1997a): Bericht der Sonderberichterstatterin zum Thema "Gewalt gegen Frauen – Ursachen und Folgen", gemäß der Resolution 1995/85 der Menschenrechtskommission. Materialien zur Frauenpolitik Nr. 59/1997. Bonn.

Bundesministerium für Familie, Senioren, Frauen und Jugend (BMFSFJ) (Hrsg.) (1997b): Abschlußbericht der Expertengruppe des Europarates zur Bekämpfung von Gewalt gegen Frauen einschließlich eines Aktionsplanes. Materialien zur Frauenpolitik Nr. 65/1997. Bonn.

Bundesministerium für Familie, Senioren, Frauen und Jugend (BMFSFJ) (Hrsg.) (1996): Gleichberechtigung von Frauen und Männern. Wirklichkeit und Einstellungen in der Bevölkerung 1996. Schriftenreihe Band 117.3. Kohlhammer Verlag, Stuttgart.

Bundesministerium für Familie, Senioren, Frauen und Jugend (Hrsg.) (1995):
1. Bericht der VN-Sonderberichterstatterin zu "Gewalt gegen Frauen". Materialien zur Frauenpolitik Nr. 45/1995. Bonn.

Bundesministerium für Familie, Senioren, Frauen und Jugend (BMFSFJ) (Hrsg.) (1994): Gleichberechtigung von Frauen und Männern. Wirklichkeit und Einstellungen in der Bevölkerung 1994. Schriftenreihe Band 117.2. Kohlhammer Verlag, Stuttgart.

Bundesministerium für Familie, Senioren, Frauen und Jugend (BMFSFJ) (Hrsg.) (1992): Gleichberechtigung von Frauen und Männern. Wirklichkeit und Einstellungen in der Bevölkerung 1992. Schriftenreihe Band 117.1. Kohlhammer Verlag, Stuttgart.

Burgard, R. (1985): Mißhandelte Frauen: Verstrickung und Befreiung. Eine Untersuchung zur Überwindung von Gewaltverhältnissen. Beltz Verlag. Weinheim.

Buehler, J., Dixon, B., Toomey, K (1998): Lifetime and Annual Incidence of Intimate Partner Violence and Resulting Injuries – Georgia, 1995. In: Morbidity and Mortality Weekly Report, 47, No. 40.

Caralis, P. V., Musialowski, R. (1997): Women's experiences with domestic violence and their attitudes and expectations regarding medical care of abuse victims. In: Southern Medical Journal, 90, No. 11, 1075-1080.

Diedrich, U. (1996): Sexueller Mißbrauch in der DDR. Verdrängung eines Themas und die Folgen. In: Hentschel, G. (Hrsg.): Skandal und Alltag. Sexueller Mißbrauch und Gegenstrategien. Orlanda Frauenverlag. Berlin.

Dölling, I. (1993): Aufbruch nach der Wende – Frauenforschung in der DDR und in den neuen Bundesländern. In: Helwig, G.; Nickel, H. M. (Hrsg.): Frauen in Deutschland 1945-1992, S. 397-407. Bundeszentrale für politische Bildung. Schriftenreihe Band 318. Bonn.

Egger, R., Fröschl, E., Lercher, L., Logar, R.; Siedler, H. (1997): Gewalt gegen Frauen in der Familie. Verlag für Gesellschaftskritik. Wien.

Family Violence Prevention Fund (FUND) (1998): Results of Pre-Training and Post-Training Emergency Department Surveys, Internet: http//www.igc.org/fund/healthcare, 12.10.1998.

Firle, M., Hoeltje, B., Nini, M. (1996): Gewalt in Ehe und Partnerschaft. Anregungen und Vorschläge zur Beratungsarbeit mit mißhandelten Frauen. Hrsg.: Bundesministerium für Familie, Senioren, Frauen und Jugend. Bonn.

Fraktion Bündnis 90/Die Grünen im Berliner Abgeordnetenhaus (Hrsg.) (1998): Innere Sicherheit durch Prävention. Gesundheitliche Folgen und gesellschaftliche Kosten von Gewalt. Diskutiert am Beispiel Gewalt gegen Frauen und Mädchen. Anhörung der Fraktion Bündnis 90/Die Grünen am 28. Oktober 1997, Berlin.

Freie und Hansestadt Hamburg, Behörde für Arbeit, Gesundheit und Soziales, Referat Gesundheitsförderung (Hrsg.) (1996): Hamburger Leitfaden für Kinderarztpraxen. Gewalt gegen Kinder. Broschüre. Hamburg.

Gazmararian, J. A., Lazorick, S., Spitz, A. M., Ballard, T. J.; Saltzman, L. E., Marks, J. S. (1996): Prevalence of violence against pregnant women. In: Journal of the American Medical Association, 275, No. 24, 1915-1920.

Gleason, W.J. (1993): Mental disorders in battered woman: an empirical study. In: Violence and Victims, 8; No. 1; 53-68

Godenzi, A. (1991): Bieder, brutal. Frauen und Männer sprechen über sexuelle Gewalt. Unionsverlag. Zürich

Greimel, E. R.; Dorfer, M.; Schaffer, M.; Winter, R. (1999): Medizinische und psychologische Diagnostik bei Verdacht auf sexuellen Mißbrauch. Geburtshilfe und Frauenheilkunde, 59, Nr. 4

Gut, G. (1998): Frauen auf der Suche nach Hilfe im medizinischen System. In: Innere Sicherheit durch Prävention. Gesundheitliche Folgen und gesellschaftliche Kosten von Gewalt. Diskutiert am Beispiel Gewalt gegen Frauen und Mädchen. Anhörung der Fraktion Bündnis 90/Die Grünen am 28. Oktober 1997. Hrsg.: Fraktion Bündnis 90/Die Grünen im Berliner Abgeordnetenhaus, Berlin.

Hagemann-White, C., Kavemannn, B., Kootz, J., Weinmann, U., Wildt, C. C., Burgard, R., Scheu, U. (1981): Hilfen für mißhandelte Frauen. Schriftenreihe des Bundesministers für Jugend, Familie, Frauen und Gesundheit, Band 124 Kohlhammer Verlag, Stuttgart.

Hamberger, K., Ambuel, B., Marbella, A., Donze, J. (1998): Physician Interaction With Battered Women. The women's Perspective. In: Archives of Family Medicine, 7, 575-582.

Hampele, A. (1993): "Arbeite mit, plane mit, regiere mit" – Zur politischen Partizipartizipation von Frauen in der DDR. In: Helwig, G.; Nickel, H. M. (Hrsg.): Frauen in Deutschland 1945-1992, S. 281-320. Bundeszentrale für politische Bildung. Schriftenreihe Band 318. Bonn.

Hayden, S. R., Barton, E. D., Hayden, M. (1997): Domestic violence in the emergency department: how do women prefer to disclose and discuss the issues? In: Journal of Emergency Medicine, 15, No. 4, 447-451.

Helmken, D. (1997): Vergewaltigung in der Ehe. Plädoyer für einen starfrechtlichen Schutz der Ehefrau. Kriminalistik Verlag. Heidelberg

Hermann, S., Meinlschmidt, G. (1997): Sozialstrukturatlas Berlin. Fortschreibung 1997. Hrsg.: Senatsverwaltung für Gesundheit, Berlin.

Hermann, S., Meinlschmidt, G. (1995): Sozialstrukturatlas Berlin. Erste gemeinsame Berechnung für alle Bezirke. Hrsg.: Senatsverwaltung für Gesundheit, Berlin.

Hinze, L. (1997): Intrafamiliale Gewalt gegen Kinder und Frauen in Ostdeutschland. Ergebnisse einer regionalen Studie. In: Begenau, J., Helfferich, C. (Hrsg.): Frauen in Ost und West. Zwei Kulturen, zwei Gesellschaften, zwei Gesundheiten? Schriftenreihe der Arbeitsgruppe "Freuen und Gesundheit" der DGMS, Bd.1, jos fritz. Verlag, Freiburg.

Jeschek, H.-H. (Hrsg.) (1998): Strafgesetzbuch (StGB), 31. Auflage, Stand 1. April 1998, Beck-Texte im Deutschen Taschenbuch Verlag, München.

Johnson, D.; Elliott, B. (1997): Screening for domestic violence in a rural family practice. In: Minnesota medicine, 80, No. 10, pp 43-45.

Kavemann, B. (1998): Gesellschaftliche Folgekosten der Gewalt gegen Frauen und Mädchen. In: Innere Sicherheit durch Prävention. Gesundheitliche Folgen und gesellschaftliche Kosten von Gewalt. Diskutiert am Beispiel Gewalt gegen Frauen und Mädchen. Anhörung der Fraktion Bündnis 90/Die Grünen am 28. Oktober 1997. Hrsg.: Fraktion Bündnis 90/Die Grünen im Berliner Abgeordnetenhaus, Berlin

Kugler, J. (Hrsg.) (1997): Die Medizin in Berlin. Aktuelle Anschriften und Telefonnummern des Berliner Gesundheitswesens. Joachim Kugler Verlag. Berlin.

Lempert, J.; Oelemann, B. (1995): "...dann habe ich zugeschlagen": Männer-Gewalt gegen Frauen. Konkret Literatur Verlag, Hamburg.

Lindner, S. (1992): Tatort Ehe. Zur sexuellen Gewalt in Mann-Frau-Beziehungen. Wiener Frauenverlag. Wien.

Massey, J. M. (1999): Domestic Violence in Neurologic Practice. Archives of Neurology, 56 No. 6, 659-660.

May, A (1998): Mißhandlungen, Mißhandlungsysteme, gesundheitliche Folgen häuslicher Gewalt. In Innere Sicherheit durch Prävention. Gesundheitliche Folgen und gesellschaftliche Kosten von Gewalt. Diskutiert am Beispiel Gewalt gegen Frauen und Mädchen. Anhörung der Fraktion Bündnis 90/Die Grünen am 28. Oktober 1997. Hrsg.: Fraktion Bündnis 90/Die Grünen im Berliner Abgeordnetenhaus, Berlin

McCauley, J., Yurk, R. A., Jenckes, M. W. Ford, D. E. (1998): Inside "Pandora's box": abused women's experiences with clinicians and health services. In: Journal of General Internal Medicine, 13, No. 8, 549-555.

McGrath, M. E., Bettacchi, A., Duffy, S. J., Peipert, J. F., Becker, B. M., St. Angelo, L. (1997): Violence against women: provider barriers to intervention in emergency departments. Academic Emergency Medicine, 4; No. 4, 297-300.

McKenzie, K. C., Burns, R. B., McCarthy, E. P., Freund, K. M. (1998): Prevalence of domestic violence in an inpatient female population. Journal of General Internal Medicine, 13, No. 4, 277-279.

Merfert, A. (1998): Psychosoziale Einflußfaktoren auf die Ausprägung des klimakterischen Syndroms. Dissertation an der Medizinischen Fakultät der Otto-von-Guericke-Universität Magdeburg.

Metz-Göckel, S., Müller, U. (1986): Der Mann. Die Brigitte-Studie. Beltz Verlag. Weinheim.

Neubauer, E., Steinbrecher, U., Drescher-Aldendorff, S. (1987): Gewalt gegen Frauen: Ursachen und Interventionsmöglichkeiten. Schriftenreihe des Bundesministers für Jugend, Familie, Frauen und Gesundheit, Band 212, Kohlhammer Verlag, Stuttgart.

New York State Office for the Prevention of Domestic Violence (Hrsg.) (1996): Adult Domestic Violence. The Health Care Professionals Pesponse – Basic Packet. Washington.

Nini, M., Bentheim, A., Firle, M., Nolte, I, Schneble, A. (1996): Abbau von Beziehungsgewalt als Konfliktlösungsmuster. Abschlußbericht 1994. Opferhilfe Hamburg e.V. in Zusammenarbeit mit Männer gegen Männer-Gewalt e.V., Hamburg. Schriftenreihe des Bundesministeriums für Familie, Senioren, Frauen und Jugend. Band 102, Kohlhammer Verlag, Stuttgart.

Ohl, D., Gessner, H., Hack, K., Illigens, G, Tharra, M., Wesenack, S. (1994): Gewalt gegen Frauen und Mädchen. Gutachten der Arbeitsgruppe "Gewalt gegen Frauen und Mädchen". Hrsg.: Unabhängige Kommission zur Verhinderung und Bekämpfung von Gewalt in Berlin. Berlin.

Olson, L., Anctil, C., Fullerton, L., Brillman, J., Arbuckle, J., Sklar, D. (1996): Increasing emergency physician recognition of domestic violence. In: Annals of Emergency Medicine, 27, No. 6, 741-746.

Pelikan, C. (1995): Männergewalt in Intimbeziehungen. In: Bericht über die Situation der Frauen in Österreich. Frauenbericht 1995. Hrsg.: Bundesministerium für Frauenangelegenheiten/Bundeskanzleramt, Wien.

Ratner, P. A. (1993): The incidence of wife abuse and mental health status in abused wives in Edmonton, Alberta. In: Canadian Journal of Public Health, 84 No. 4, 246-249.

Rauchfuß, M. (1995): Soziopsychosomatisch orientierte Begleitung in der Schwangerschaft. Projekt E 2 des Forschungsverbundes Public Health. Berlin.

Reid, S. A., Glasser, M. (1997): Primary care physicians' recognition of and attitudes toward domestic violence. In: Academic Medicine, 72, No. 1, 51-53.

Roth, D. L.; Coles, E. M. (1995): Battered woman syndrome: a conceptual analysis of ist status vis-a-vis DSM IV mental disorders. In: Medicine and Law, 14, No. 7-8, 641-658.

Saeger, J. (1998): Der Fischer Frauen-Atlas. Daten, Fakten, Informationen. Fischer Taschenbuch Verag. Frankfurt an Main

Schmuel, E.; Schenker, ... G. (1998): Violence against women: the physicians role. In: European Journal of Obstetrics & Gynecology and Reproductive Biology, 80, 239-245.

Schröttle, M. (1997): Männergewalt gegen Frauen in Ehe und Partnerschaft im Spiegel der ostdeutschen ExpertInnen-Meinungen. In: Begenau, J., Helfferich, C. (Hrsg.): Frauen in Ost und West. Zwei Kulturen, zwei Gesellschaften, zwei Gesundheiten? Schriftenreihe der Arbeitsgruppe "Freuen und Gesundheit" der DGMS, Bd.1, jos fritz. Verlag, Freiburg.

Senatsverwaltung für Arbeit und Frauen (Hrsg.) (1994): "Sag mir, wo die Männer sind...". Dokumentation der Berliner Präventionsdebatte zur Gewalt gegen Frauen am 9. und 10. September 1993. Berlin.

Statistisches Bundesamt (Hrsg.) (1998): Gesundheitsbericht für Deutschland. Gesundheitsberichterstattung des Bundes. Stuttgart.

Statistisches Landesamt Berlin (1998): Statistisches Jahrbuch Berlin 98. Kulturbuch-Verlag, Berlin.

Sugg, N. K., Inui, T. (1992): Primary care physicians' response to domestic violence. Opening Pandora's box. In: Journal of the American Medical Association 267 No. 23, 3157-3160.

Sugg, N. K., Thompson, R. S., Thompson, D. C., Maiuro, R., Rivara, F. P. (1999): Domestic Violence and Primary care. Attitudes, Practices, and Beliefs. In: Archives of Family Medicine, 8, No. 4, 301-306.

Vogt, I. (1993): Gewaltsame Erfahrungen. "Gewalt gegen Frauen" als Thema in der Suchtkrankenhilfe. Kleine Verlag, Bielefeld.

Walker, L. E. (1994): Warum schlägst du mich? Frauen werden mißhandelt und wehren sich. Eine Psychologin berichtet. Piper Verlag München.

Weis, K. (1982): Die Vergewaltigung und ihre Opfer. Eine Viktimologische Untersuchung zur gesellschaftlichen Bewertung und individuellen Betroffenheit. Enke Verlag. Stuttgart.

Wetzels, P., Pfeiffer, C. (1995): Sexuelle Gewalt gegen Frauen im öffentlichen und privaten Raum. Ergebnisse der KFN-Opferbefragung 1992. Kriminologisches Forschungsinstitut Niedersachsen (KFN). Forschungsberichte. Nr. 37. Hannover.

9. Anhang

Anschreiben zur Befragung

Fragebogen

www.ingramcontent.com/pod-product-compliance
Lightning Source LLC
Chambersburg PA
CBHW022327280326
41932CB00010B/1259